MINISTRANDO
ABAIXO DA
SUPERFÍCIE

MINISTRANDO
ABAIXO DA SUPERFÍCIE

ALBERT & ELISABETH TAYLOR

EM CONJUNTO COM DAVID TAYLOR

Vida

EDITORA VIDA
Rua Conde de Sarzedas, 246 – Liberdade
CEP 01512-070 – São Paulo, SP
Tel.: 0 xx 11 2618 7000
Fax: 0 xx 11 2618 7030
www.editoravida.com.br

Editor responsável: Marcelo Smargiasse
Editor-assistente: Gisele Romão da Cruz Santiago
Tradução: Marta Schilling-Kunz
Revisão de provas: Josemar de Souza Pinto
Diagramação: Claudia Fatel Lino
Capa: Arte Peniel

© 2007, Albert Taylor e Elisabeth Taylor
Originalmente publicado em língua inglesa
com o título *Ministering below the Surface*.
Copyright da edição brasileira © 2014, Editora Vida
Publicado com autorização contratual de
Albert Taylor (CH-8006, Zurique, Suíça)

∎

Todos os direitos desta tradução em língua
portuguesa reservados por Editora Vida.

PROIBIDA A REPRODUÇÃO POR QUAISQUER MEIOS,
SALVO EM BREVES CITAÇÕES, COM INDICAÇÃO DA FONTE.

∎

Scripture quotations taken from *Bíblia Sagrada,
Nova Versão Internacional, NVI*®.
Copyright © 1993, 2000 by International Bible
Society®. Used by permission IBS-STL U.S.
All rights reserved worldwide.
Edição publicada por Editora Vida,
salvo indicação em contrário.

Todas as citações bíblicas e de terceiros foram
adaptadas segundo o Acordo Ortográfico da
Língua Portuguesa, assinado em 1990,
em vigor desde janeiro de 2009.

1. edição: jan. 2015

**Dados Internacionais de Catalogação na Publicação (CIP)
(Câmara Brasileira do Livro, SP, Brasil)**

Taylor, Albert
  Ministrando abaixo da superfície / Albert e Elisabeth Taylor em conjunto
com David Taylor ; [tradução Marta Schilling-Kunz]. — São Paulo : Editora
Vida, 2014.

  Título original: *Ministering Below the Surface*.
  Bibliografia.
  ISBN 978-85-383-0313-8

  1. Cura espiritual 2. Cura pela fé 3. Cura pela fé – Guias 4. Vida cristã
I. Taylor, Elisabeth. II. Taylor, David. III. Título.

14-10641   CDD-248.29

Índice para catálogo sistemático:
1. Cura pela fé : Experiência religiosa : Cristianismo 248.29

Esta obra foi composta em *Times* e *Abadi MT*
e impressa por Imprensa da Fé sobre papel
Offset 70 g/m² para Editora Vida.

SUMÁRIO

AGRADECIMENTOS	9
PREFÁCIO	11
A IMPORTÂNCIA DE MINISTRAR ABAIXO DA SUPERFÍCIE	13
INTRODUÇÃO	15

Seção 1 — PECADOS E FERIDAS

1. Espírito, alma e corpo
O espírito, a alma e o corpo. Jesus Cristo quer curar cada uma dessas áreas
Quadro sinótico de "cura interior e libertação" 19

2. Pecados da carne
Como lidar com os efeitos do pecado natural 25

3. Feridas e reações incorretas
Lidando com as feridas e as reações incorretas a elas do ponto de vista bíblico 31

4. Lembranças dolorosas
Como se podem curar as lembranças dolorosas 38

5. Quebrando ataduras ímpias da alma
Como quebrar ataduras ímpias da alma 41

6. Novos padrões de comportamento
Nosso papel em mudar o comportamento a fim de chegar a uma cura completa 43

Seção 2 — LIBERTAÇÃO

1. Libertação nos Evangelhos
Ministrar libertação é bíblico e é parte da comissão da Igreja atualmente 49

MINISTRANDO ABAIXO DA SUPERFÍCIE

2. Os dois reinos espirituais
A relação entre o Reino de Deus e o reino de Satanás; os demônios como ajudantes de Satanás
As barreiras impeditivas para aceitar a realidade do mundo espiritual   53

3. A natureza e a ação dos demônios
O que são os demônios e como intentam influenciar nossa vida?   56

4. Os pontos naturais de entrada para os demônios
Como o pecado, as feridas e ataduras ímpias da alma dão lugar aos demônios?   63

5. Os pontos de entrada espirituais para os demônios
Pontos de entrada baseados em pecados espirituais, problemas ou circunstâncias   67

6. Preparando-nos para o ministério de libertação
Como preparar-nos para expulsar os demônios   73

7. Depois da ministração
O que fazer depois de receber libertação   80

Seção 3 — MINISTRANDO CURA INTERIOR E LIBERTAÇÃO

1. Estamos prontos para ministrar?
Qualidades de um ministro; o que é necessário para que alguém possa compartilhar seus problemas. Detalhes práticos   87

2. Problemas e causas
Desde o sintoma do problema até o fundo da verdadeira situação abaixo da superfície   93

3. Escolhendo o remédio
Como saber que passos devem ser dados para ministrar em certa situação   101

4. Passos de ministração: situações naturais sem demônios
Pecados, feridas, lembranças dolorosas, ataduras ímpias da alma, cura física e padrões do pensamento   106

5. Passos de ministração: situações naturais que envolvem demônios
Pecados, feridas, ataduras ímpias da alma, dominação, impurezas e enfermidades   116

6. Passos de ministração: situações espirituais que envolvem demônios
Ocultismo, antepassados, religiões, experiências espirituais, outras enfermidades e conclusão 122

7. Libertação de uma pessoa
Conselhos práticos 126

8. Ministrando a um grupo
Cura interior e ministração de libertação a um grupo 134

9. Abuso sexual
Como utilizar estes passos de ministração para ajudar vítimas de abuso sexual 138

10. Estudo de caso
Um exemplo da vida real mostrando todos os aspectos do ministério na prática 146

Seção 4 — MATERIAL DE APOIO

Fotos 152

Para provar e ver — Testemunhos e mensagens 157

A ministração se expande 163

Declaração de fé 167

Sete passos para a vida cristã 169

A paternidade de Deus 171

Rebelião 173

Arrependimento e confissão 175

Rejeição 178

O sangue e o nome de Jesus Cristo 181

Para quem é a libertação? 183

Autolibertação 185

Uso de símbolos na ministração 187

Ministrando cura física 189

Originais para fotocopiar   193
Progresso no ministério   194
Questionário de situações   195
Lista de revisão das áreas de problemas   198
Resumo de cura interior e libertação   202

COMPANHEIROS DE MINISTÉRIO   206
SOBRE OS AUTORES   207

AGRADECIMENTOS

Albert e Elisabeth Taylor gostariam de agradecer:

A nosso filho David, que nos motivou a pôr nosso ensinamento em formato de livro e participou como nosso editor e co-escritor. A Christian e Rachel Takushi, e nosso filho Philip, pela correção do texto e contribuições adicionais. À nossa filha Esther, que preparou o caminho para nosso ministério na América do Sul, e a seu esposo, Daniel, com quem temos trabalhado várias vezes em diferentes partes do mundo.

A todos os que investiram de si mesmos e do seu tempo no material gráfico. A Mark Bishop, por alguns esboços. A nossos modelos: Anjali Guptara, Alaeddine Fakhech, Saif Chadhury e Manuel Halter. A David Taylor, pela fotografia e o desenho.

Aos já falecidos Selwyn Hughes e dr. Derek Prince; a Peter Horrobin, Bill Subritzky e outros tantos que nos influenciaram nos anos 1980 e princípio da década de 1990.

A todos os que traduziram nosso material em diversos idiomas e aos que serviram como intérpretes durante os seminários e nos tempos de ministração pessoal. A todos os que nos acompanharam em nossos seminários e aos que continuaram com êxito usando nosso material. A todos os que nos acolheram em seus lares e aos que organizaram as instalações necessárias para nossos seminários e obra.

Um agradecimento muito especial às seguintes pessoas: Oscar Lima, que nos convidou às bases da Jocum na Bolívia e Argentina; a Ricardo Rodriguez, que o fez na Jocum no Chile.

A Ana María Cárdenas e Valerio Magrini, no Equador, os quais organizaram e serviram como nossos intérpretes, e continuaram com o ministério de forma frutífera e agraciada. A Kenneth e Sheila

Macdonald, em Buenos Aires, que têm sua casa sempre disponível para nós; e ao reverendo Agustín Marsal, em cuja igreja sempre somos bem-vindos.

Somos muito agradecidos por todos os que trabalharam junto conosco na Suíça, Bélgica, Inglaterra, Uganda, no Egito, na Romênia, Indonésia, Cingapura e Índia. Um agradecimento especial ao reverendo dr. Thomas Varghese, que é nosso ilustre companheiro na Índia.

Um agradecimento sincero àqueles da Suíça e Inglaterra que nos apoiaram financeiramente, como também em oração. Sem vocês, esse trabalho não seria possível.

A todos os que trabalharam conosco, nos abençoaram e nos inspiraram. Se nos dedicássemos a nomear todos, a lista não teria fim.

Acima de tudo, agradecemos a Deus por sua bondade em salvar-nos, proteger-nos e usar-nos nesse ministério.

PREFÁCIO

Este livro é para qualquer pessoa que busca libertação ou que deseja ajudar a outros. Todo que tenha um coração disposto e íntegro, que esteja sinceramente interessado em servir a Deus e promover seu Reino, poderá ser capaz de utilizar o material contido nestas páginas e beneficiar-se dele.

O conteúdo foi desenvolvido e revisado durante os últimos vinte anos. As primeiras versões foram publicadas em Uganda em 1991. Cópias em espanhol, híndi e alemão começaram a surgir enquanto viajávamos e realizávamos seminários de aconselhamento e cura interior em igrejas no mundo inteiro.

Em reuniões, especialmente na África e na América do Sul, sempre tínhamos centenas de pessoas pedindo ministração. Criou-se, obviamente, uma necessidade de ministrar a multidões, sem deixar de atender às necessidades individuais. Também reparávamos depois dos seminários que muitas pessoas ao perceber as mudanças em seus amigos, vinham até nós com sérios problemas, buscando ajuda. Vimos, portanto, que os conselheiros locais necessitavam urgentemente de um treinamento.

Consequentemente, revisamos e voltamos a escrever o material completo *Ministrando abaixo da superfície*, focando grupos e pessoas que queriam estudar conta própria.

A experiência nos mostrou que um guia metódico acelera o processo de aprendizagem para ministrar cura e libertação. Ao ter um método claro, passo a passo, podem-se evitar erros, como também abusos. Pense nesses passos como um marco ou um fundamento. Não quer dizer que constituam a única maneira. São os meios pelos quais Deus nos revelou dentro de nosso ministério e em ministérios daqueles que aprenderam conosco.

Este livro parte do pressuposto de que o leitor aceita a autoridade e a verdade da Bíblia. Os argumentos teóricos e teológicos foram reduzidos ao mínimo, e o enfoque está em apresentar um método ou uma estrutura que possa ser facilmente aplicável a grupos e pessoas.

À medida em que você estudar este livro, peça ao Espírito Santo que guie seus pensamentos e confirme a verdade. Comece aplicando os princípios à sua vida e logo disponha seu coração e deseje ser usado por Deus para ajudar a outros.

Finalmente, uma palavra de advertência. No começo do nosso ministério, o Senhor nos mostrou que ele não divide sua glória com ninguém. Toda a glória lhe pertence. Enquanto nos regozijamos quando as pessoas recebem Cristo, arrependem-se, são curadas e libertadas, devemos sondar nosso coração e não permitir que o orgulho se levante e nos corrompa. Foi por essa razão que Jesus disse: "Contudo, alegrem-se, não porque os espíritos se submetem a vocês, mas porque seus nomes estão escritos nos céus" (Lucas 10.20).

Permaneçamos dependentes de Deus, comprometidos com a Escritura e sensíveis ao mover do Espírito Santo.

A IMPORTÂNCIA DE MINISTRAR ABAIXO DA SUPERFÍCIE

Durante o tempo em que estudei em Cambridge, recordo-me da conversa que tive uma tarde com uma bibliotecária do departamento de psicologia. Tinha uma figura materna. Ela observou os livros incrustados naquelas estantes de 3 metros de altura e depois de um suspiro disse: "Apesar de todo o conhecimento, ainda não tivemos um cientista com seu casamento estável dentro deste departamento". Ambos concordamos que havia claramente algo que faltava no enfoque científico depois da vida. Houve um homem que havia começado a investigar sobre a paranormalidade. "Mas se enlouqueceu", disse ela asperamente.

Como cristãos, sorrimos com ar de suficiência perante tais histórias, seguros de saber que conhecemos a verdade e que temos Cristo. Mas então por que nos vemos tão lúgubres? Quão melhores somos em comparação aos psicólogos seculares?

Cremos firmemente quando a Bíblia diz: "Em nome de Jesus todo joelho se dobrará e toda língua confessará", mas esperamos seu cumprimento no céu. Enquanto isso, nossa vida, frequentemente, aqui na terra é na realidade uma batalha perdida, diferente e de duplo estandarte, marcada pela dúvida. Posso afirmar que, em parte, isso se deve ao fato de termos deixado de fora um elemento principal do evangelho. Não podemos ir a Cristo, esperar uma vitória sobre o pecado e ter uma vida abundante enquanto nos apegamos a uma perspectiva racional e material do mundo, que nega o rol da cura e da libertação.

Muitos creem que os demônios ou espíritos são simplesmente seres místicos ou processos psicológicos. Alguns acham que eles existem, mas que podem ser ignorados com toda a segurança, desde que foquemos na verdade, no arrependimento e na fé. Mas na Bíblia Jesus Cristo se dirige aos demônios como seres espirituais reais, que devem ser expulsos se estão presentes. Isso foi o que ele fez e o que seus discípulos tiveram que aprender a fazer. Dois mil anos de civilização ocidental não mudam isso.

Jesus também disse que viera para curar os quebrantados de coração. Seu ministério era equilibrado e integral. Ensinou-nos a ter fé, mas também ofereceu cura para o corpo e para a alma.

Este livro tem como objetivo infundir esperança a ministros e pessoas que lutam contra pecados que não podem vencer por si mesmos, ou feridas que não querem sarar. Em lugar de discutir técnicas e estratégias de sobrevivência, aprendemos a olhar abaixo da superfície e lidar com a raiz do problema.

É incrível a mudança que pode ocorrer quando recebemos cura interior e libertação, baseadas no fundamento sólido da verdade bíblica e das experiências de qualquer modo sólidas.

David M. Taylor

INTRODUÇÃO

Bem-vindos a *Ministrando abaixo da superfície*. Nosso objetivo é compartilhar com vocês o que temos aprendido em nosso ministério de ensino e aconselhamento. Cada um de nós se encontra em uma etapa diferente no caminhar com Deus, como também no ministério. Não obstante, o animamos a trabalhar com o livro de maneira sistemática. É uma boa ideia ir lendo o livro consideravelmente rápido, para obter a estrutura e as ideias gerais. Depois releia-o estudando detalhadamente cada capítulo. Aplique os passos de ministração à sua vida. Em seguida, memorize-os antes de ministrar a mais alguém.

Estrutura do livro

Compõe-se de quatro seções:

1. Pecados e Feridas
2. Libertação
3. Ministrando Cura e Libertação
4. Material de Apoio

Na seção 1, aprendemos sobre os problemas naturais na área do pecado e as feridas e como lidar com eles. Na seção 2, aprendemos como os demônios podem aumentar os efeitos dos pecados naturais e as feridas, e como influenciam a nossa vida. Na seção 3, observamos o ministro e o processo próprio de ministrar abaixo da superfície dentro das três áreas. Na seção 4, proporcionamos um material de apoio adicional que pode ser útil a qualquer momento.

Sobre os diagramas de Venn

Utilizamos os diagramas de Venn no livro para ilustrar a relação entre corpo, alma e espírito e os tipos de ministração que se podem aplicar.

Um diagrama de Venn não revela onde algo se situa, mas, sim, a natureza desse algo. Em seguida, temos um exemplo de um diagrama típico de Venn com as categorias: Quente, Bebida e Fruta. E onde andaria o "chá frio"? O que poderíamos colocar no espaço marcado com um asterisco (*)?

Não é necessário entender esses diagramas para captar como ministrar abaixo da superfície, mas os introduzimos neste livro porque podem ajudar a entender a maneira pela qual organizamos este material. Mas ainda podem nos servir de apoio para representar as relações entre os problemas e entender como esse mesmo cenário pode requerer diferentes áreas de ministração.

(Resposta: O chá frio se coloca ao lado da Coca-Cola. Ou podem ser maçãs cozidas. Note que o café se encontra nas três, porque provém de uma fruta e é uma bebida quente.)

Seção 1
PECADOS E FERIDAS

1. ESPÍRITO, ALMA E CORPO

Introdução do conceito de espírito, alma e corpo e demonstração de que Deus quer curar cada parte do nosso ser.

O que são o espírito, a alma e o corpo?
Leia 1Tessalonicenses 5.23

O espírito, a alma e o corpo são termos usados na Bíblia e na linguagem cotidiana para descrever o funcionamento de uma pessoa. Visto que podemos tocar e ver o corpo, este chega a ser o mais simples de entender. Mas sabemos que há mais do que isso. Um corpo vivo, claramente, tem sentimentos, pensamentos e desejos ou intenções. Estes são descritos como a alma. Tanto a alma quanto o corpo podem entender-se dentro da esfera natural. Mas também podemos conhecer e experimentar outra dimensão intangível, que é a área do espírito.

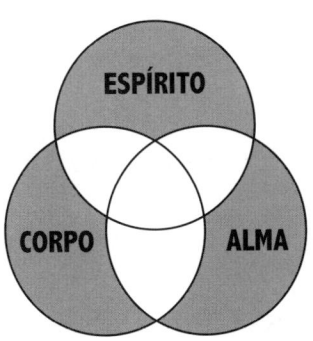

O espírito é a parte do homem que interage com a esfera espiritual. Quando uma pessoa se arrepende e pela fé recebe Jesus Cristo como Senhor e Salvador, então o espírito se torna vivo para Deus. Do contrário, mostra-se morto no pecado.

A **alma é formada** pela mente, pelas emoções (pensamentos e sentimentos) e pela vontade. A Bíblia indica que a alma permanece também mais mesmo após a morte.

O corpo é material, biológico ou químico. Esse é nosso corpo terreno, e temos a promessa de um corpo celestial.

Os três círculos

Consideremos o diagrama da direita. Mesmo que nosso espírito e alma residam dentro do corpo, não possuímos o espírito e a alma dentro do círculo do corpo, por tratar-se de um diagrama de Venn, e não de um mapa.

Usaremos esse tipo de diagrama em todo livro para mostrar aquilo que nós queremos enfocar dentro de uma discussão específica ou orientação em relação a ministração.

Jesus está interessado em cada uma de nossas áreas
Leia Isaías 61.1-3 e Lucas 4.14-21.

Jesus veio para ajudar-nos no espírito, na alma e no corpo.

- Ele veio para restaurar os quebrantados de coração (alma).
- Proclamar liberdade aos cativos (espírito, alma e corpo).
- Devolver a vista aos cegos (corpo).
- Conceder vestes de louvor em vez de espírito angustiado (espírito).

Uma nova criatura requer tempo

Quando aceitamos Cristo, tornamos-nos uma nova criatura (2Coríntios 5.17). Nosso corpo ainda se vê igual, todavia conservamos a mesma habilidade sobre os pensamentos e emoções de bem ou mal. Então nossa alma, obviamente, não é nova. Somos uma nova criatura, porque o espírito recebeu a capacidade de comunicar-se com Deus, convertendo-se, assim, na influência que opera decisivamente em nossa vida.

Como uma nova criatura, podemos começar a renovar e reparar nossa alma e nosso corpo. Isso não é instantâneo; é um processo. Em Filipenses 2.12,13, vemos que devemos nos empenhar nisso, mas também vemos que Deus está ativamente envolvido.

Uma casa com muitos cômodos

Jesus usou a figura de uma casa para ilustrar uma pessoa em Mateus 12.43. Quando recebemos Jesus Cristo como Senhor e Salvador, o Espírito Santo entra no melhor cômodo, tal como recebemos uma visita quando chega em nossa casa. Oferecemos-lhe o melhor cômodo. Entretanto, pode ser que haja muita sujeira e também ratos escondidos nos cômodos dos fundos. Mas, se permitimos, o Espírito Santo nos ajudará a limpar a casa, cômodo por cômodo. Colossenses 3.8 exorta: "[...] agora abandonem todas essas coisas [...]" É claro que um processo ativo requer nossa participação. Este livro ajudará você a entender as diferentes áreas que necessitarão de limpeza e explicará também como fazê-lo.

> Quando abrimos uma garrafa ou lata de Coca-Cola, o gás que não é liberado vai ser o que irá borbulhar, vindo até mesmo a transbordar. De maneira similar, sucede quando permitimos a Deus que descubra nossa vida; os problemas ocultos podem sair à superfície.
>
> Se nos dispusermos, esses problemas podem ser tratados, e assim experimentaremos uma nova liberdade. Devemos estar dispostos a que Deus nos mostre onde necessitamos de cura. É fácil pensar que são outros os que se encontram em necessidade. Observemos a história do fariseu e do publicano em Lucas 18.9-14.
>
> Estamos dispostos a abrir nossa vida para que Deus nos cure?

As três esferas da ministração

Antes de regressar ao céu, Jesus enviou seus discípulos com uma missão que envolvia: ensinar, curar e expulsar demônios. Isso dá lugar as três áreas de ministração que abrangemos nesse livro:

- PECADOS – As áreas que podemos mudar mediante aprendizagem e aplicação dos **ensinamentos** de Cristo.
- FERIDAS – Danos na alma ou no corpo que requerem a **cura** de Deus.
- DEMÔNIOS – Seres espirituais que tentam evitar que progridamos nas áreas já mencionadas. Devem ser **expulsos**.

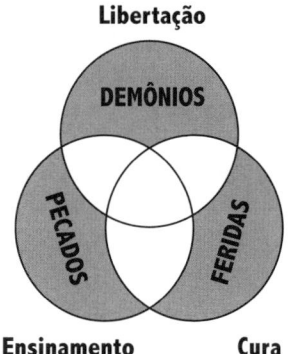

Um enfoque integral

O diagrama mostra que as situações de pecado, feridas e demônios podem estar separadas, ou melhor, sobrepõem-se, afetando-se mutuamente. Aprenderemos a lidar com cada área, passo a passo.

Por exemplo, no capítulo seguinte veremos de maneira isolada o pecado. Mas, como nos mostra o diagrama, há uma área onde o pecado e os demônios se sobrepõem; e outra área onde se sobrepõem os três. Tratar com esse tipo de situação requer que compreendamos como lidar com o pecado e como fazer libertação e cura interior.

Essa ideia é vital dentro de nosso enfoque, porque os problemas podem piorar se mostrarmos a solução equivocada ou oferecermos um remédio parcial. Por exemplo, se alguém se encontra em pecado de amargura, como reação a uma ferida, lhe será muito difícil libertar-se desse pecado, a menos que essa pessoa seja curada. De maneira similar, uma ferida pode ter um aspecto demoníaco.

Por exemplo, um demônio pode acrescentar dor de rejeição. A cura da ferida se fará efetiva somente se fizer também uma libertação.

Nossa tendência humana é enfatizar aquela área que encontramos mais fácil ou empolgante. Entretanto, necessitamos pedir em oração direção e equilíbrio à medida que aprendemos a ministrar nas diferentes áreas.

Cura física e emocional

Jesus disse que aqueles que cressem: "imporão as mãos sobre os doentes, e estes ficarão curados" (Marcos 16.18). Levemos em conta que os efeitos do pecado e as feridas emocionais ou demônios são sempre obstruções que impossibilitam a recepção da cura física.

É por isso que geralmente ministramos primeiramente sobre esses obstáculos, e nisso se concentrará este livro. Mais sobre a cura física se encontra na seção 4.

OLHANDO MAIS PARA A FRENTE
Passos para a cura interior e a libertação

Aqui há um resumo dos passos que estaremos usando ao longo do livro. Como uma passagem que nos ajuda a recordar, temos: 5 passos para lidar com o pecado; 5 passos para lidar com as feridas; 5 possíveis passos extras para uma cura completa e 4 passos para a libertação. **(5554)**

O QUE PODEMOS FAZER TRATANDO-SE DE UM PECADO DA CARNE?
Passo 1: Confessar o pecado.
Passo 2: Arrepender-se, perdoar aos outros e entregar o pecado à cruz de Jesus Cristo.
Passo 3: Pedir e aceitar o perdão.
Passo 4: Fazer restituição quando for necessário.
Passo 5: Aprender a resistir.

O QUE PODEMOS FAZER A RESPEITO DAS FERIDAS E REAÇÕES INCORRETAS PERANTE TAIS FERIDAS
Passo 1: Reconhecer a ferida.
Passo 2: Entregar a ferida a Jesus Cristo na cruz.
Passo 3: Perdoar aqueles que causaram tal ferida.
Passo 4: Entregar as reações incorretas a Jesus Cristo na cruz.
Passo 5: Pedir e aceitar perdão pelas reações incorretas.

POSSÍVEIS PASSOS EXTRAS
Passo 6: Receber cura das lembranças.
Passo 7: Quebrar ataduras de impiedade.
Passo 8: Receber libertação.
Passo 9: Receber cura física.
Passo 10: Mudar pensamentos e atitudes.

COMO PODEMOS SER LIVRES (da amargura, por exemplo)
DIGA EM VOZ ALTA:
Passo 1: "Eu confesso minha amargura. Arrependo-me dela. Pai celestial, eu peço e aceito teu perdão".
Passo 2: "Ponho a amargura debaixo do sangue de Jesus Cristo".
Passo 3: "Em nome de Jesus Cristo, eu ordeno que saia agora".
Passo 4: "O sangue de Jesus Cristo me faz livre".

Continue repetindo o passo 4 e logo comece a expulsar o demônio.

2. PECADOS DA CARNE

Como lidar com os efeitos do pecado natural

O pecado se traduz como qualquer coisa que acabe com nosso apetite espiritual, nosso desejo de conhecer Deus e de agradá-lo. Os pecados da carne são nossos maus pensamentos e ações que vêm de nossa natureza humana.

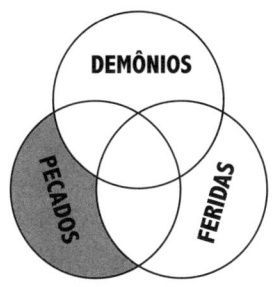

O que acontece quando os cristãos pecam?

Perdemos nossa salvação? Não, mas nossa relação com Deus se danifica. Isaías 59.2 diz: "Mas as suas maldades separaram vocês do seu Deus; os seus pecados esconderam de vocês o rosto dele, e por isso ele nãos os ouvirá". É como se uma nuvem se interpusesse entre nós e Deus.

Quando uma nuvem se põe entre nós e o Sol, sentimos mais frio. O mesmo sucede quando uma nuvem se interpõe entre nós e Deus. Sentimos-nos mais fracos espiritualmente. Pode ser que percamos nosso zelo por Deus, quem sabe tenhamos o sentimento de culpa, condenação, vergonha, baixa autoestima e indignidade, ou comecemos a duvidar da nossa salvação, incluindo a desistência de sermos cristãos.

Davi disse em Salmos 32.3,4: "Enquanto eu mantinha escondidos os meus

> **Ilustração do professor:**
> Desenhe um homem pequeno ajoelhado em louvor e adoração a DEUS e escreva a palavra DEUS em cima do homem.
>
> Depois, desenhe-o parado de pé, batendo seus punhos contra Deus, para representar o pecado.
>
> Em seguida, desenhe uma nuvem pousando entre o homem e Deus como resultado de seu pecado.

pecados, o meu corpo definhava de tanto gemer. Pois dia e noite a tua mão pesava sobre mim; minhas forças foram-se esgotando como em tempo de seca". Todas essas são imagens de pesadelo, desânimo, cansaço e tristeza.

O que fazemos quando pecamos?

O QUE PODEMOS FAZER TRATANDO-SE DE UM PECADO DA CARNE?

Passo 1: Confessar o pecado.
Passo 2: Arrepender-se, perdoar aos outros e entregar o pecado à cruz de Jesus Cristo.
Passo 3: Pedir e aceitar o perdão.
Passo 4: Fazer restituição quando for necessário.
Passo 5: Aprender a resistir.

Passo 1: Confessar nosso pecado

Confessar se refere a consertar com Deus o mau procedimento e a seriedade de nosso pecado. É importante chamar o pecado pelo nome e assumir total responsabilidade pelo que fizemos. O rei Davi disse em Salmos 32.5: "Então reconheci diante de ti o meu pecado e não encobri as minhas culpas. Eu disse: Confessarei as minhas transgressões ao SENHOR, e tu perdoaste a culpa do meu pecado". Leia Salmos 51.4,7,10,12, em que Davi diz: "Contra ti, só contra ti, pequei, e fiz o que tu reprovas [...]. Purifica-me [...]. Cria em mim um coração puro e renova dentro de mim um espírito estável [...]. Devolve-me a alegria da tua salvação [...]".

Primeira João 1.9 diz: "Se confessarmos os nossos pecados, ele é fiel e justo para perdoar os nossos pecados e nos purificar de toda injustiça". Notamos que o Espírito Santo traz uma clara convicção do pecado que cometemos. Podemos, de qualquer forma, ter também uma convicção falsa ou um sentido geral de indignidade, o qual não provém do Espírito Santo (Salmos 139.23,24).

Passo 2a. Arrepender-se do pecado. Atos 20.21

Arrependimento significa uma mudança na mente e na atitude perante Deus e em relação a nosso pecado. Isso significa se distanciar do pecado do passado para fazer a vontade de Deus. Tal atitude demanda uma volta de 180°. Imagine, por exemplo, que vamos a uma rua à procura da casa de alguém. Perguntamos a forma de chegar ao lugar, e nos dizem: "Vão por este caminho" (equivocadamente). Devemos retroceder e voltar ao caminho em que vínhamos antes.

Então, devemos mudar nossa mente e usar nossa vontade para voltarmos. Isto requer determinação. O arrependimento inclui uma mudança em nossa vida de pensamentos e padrões de comportamento. O arrependimento somente é possível com a ajuda do Espírito Santo e o amor e a misericórdia de Deus, o qual espera por nós quando nos apresentamos como pecadores. Se não temos desejo de nos arrependermos, necessitamos pedir ajuda a Deus.

Passo 2b. Perdoar aos outros

Jesus ensina-nos em Mateus 6.12: "Perdoa-nos as nossas dívidas, assim como perdoamos aos nossos devedores". No versículo 15, Jesus comenta: "Mas se não perdoarem uns aos outros, o Pai celestial não lhes perdoará as ofensas".

Leia Mateus 18.21-35, especialmente o versículo 35. Se achamos difícil perdoar, pode ser que necessitemos de cura interior da ferida ou trauma causados por outra pessoa.

> **Atividade: Deixando ir**
> Segure um lápis com a mão apertada, para representar a pessoa a quem necessita perdoar.
> A tendência natural é querer vingar-se e guardar mágoa da pessoa.
> Aperte o lápis fortemente. Deus, porém, quer que abramos nossa mão e liberemos a pessoa.
> Quando estiver pronto, pode orar perdoando a pessoa.
> Abra a mão e deixe o lápis livre.

Uma vez curada a ferida, será mais fácil perdoar. Do contrário, quem sabe necessitemos de libertação contra qualquer demônio de falta de perdão. Perdoar significa liberar as pessoas. Imagine que esteja segurando alguém em suas mãos como o faríamos com um passarinho. Perdoar significa abrir as mãos para deixá-lo ir e permitir que voe longe. Significa cancelar qualquer dívida que deixou pendente conosco, tanto espiritual como emocional, e entregar a vida da pessoa ao Senhor para que ele a abençoe ou trate com ela debaixo de sua misericórdia. Podemos agora abençoá-la em nome de Jesus.

É necessário perdoar por completo. Quando ambas as partes se perdoam mutuamente, a relação chega a ser melhor que antes. Entretanto, existem muitas situações nas quais isso não é possível. A outra pessoa já pode ter falecido. Não é de ajuda alguma nem sábio dizer a certas pessoas quanto elas erraram. Em casos de abusos, pode ser pouco sábio refazer a relação.

Passo 2c. Entregar o pecado à cruz de Jesus Cristo

Jesus levou nossos pecados à cruz (Isaías 53.11; 1Coríntios 15.3; 1Pedro 2.24; 3.18). Uma ação simples usando nossas mãos pode ajudar-nos a experimentar isso. Imagine que sua mão esquerda represente você e sua mão direita represente Jesus Cristo. Pegue um livro pesado e mantenha-o em sua mão esquerda. Representa seu pecado. Passe o livro de sua mão esquerda para a sua mão direita e, à medida que o faz, medite em seus pecados. Entregue-os a Jesus e **diga**: *"Ponho meus pecados sobre ti, Jesus"*. Ao colocar o livro em sua mão direita, em sinal de entrega dos seus pecados a Jesus, o peso deles foram passados para ele.

"Obrigado, Senhor Jesus, por teu sacrifício na cruz do Calvário. Obrigado por me perdoares. Eu aceito tua promessa em 1João 1.9, de que, se confessar meus pecados, serei perdoado".

Outra maneira

Imagine-se vindo aos pés da cruz, onde Jesus Cristo se encontra crucificado por nós. A cruz é onde a escória do mundo pode ser deixada e onde podemos depositar nosso lixo. Podemos escrever nosso pecado em um pedaço de papel e imaginar colocando-o aos pés da cruz e deixando-o ali.

Passo 3. Pedir e aceitar o perdão de Deus

Diante da cruz, pedimos e recebemos o perdão de Deus, o Pai. Isso é possível por meio do que Jesus Cristo fez na cruz quando tomou nosso lugar e levou os pecados de todo o mundo. Então, a nuvem que era um obstáculo em nossa relação com Deus é retirada.

Devemos aceitar o perdão de Deus. Nossa mente e nossos pensamentos irão continuar nos acusando, a menos que aceitemos a limpeza do sangue de Cristo e o perdão completo da parte de Deus. Se Deus nos perdoa, não devemos ser tão orgulhosos para não nos perdoarmos, nem mesmo dizer: *"Nunca poderei perdoar-me pelo que fiz"*.

Passo 4. Fazer restituição quando for necessário

Restituição quer dizer fazer o que depender de nós para reparar o dano que provocamos com nosso pecado. Isso pode significar ir até a pessoa ou grupo de pessoas contra as quais pecamos e pedir-lhes perdão. Isso é essencialmente importante quando pecamos contra alguém por meio de palavras, atitudes ou comportamento. Obviamente, existem algumas coisas muito delicadas em que não é sábio confessá-las. Se a outra parte não quer perdoar, temos que deixar nas mãos de Deus.

Um ugandês devolveu um caminhão de coisas que havia roubado de um hospital onde havia trabalhado: camas, móveis, máquinas de escrever etc. Quando lhe perguntamos a razão disso, ele disse que Jesus o havia transformado.

Zaqueu prometeu devolver quadruplicado o que havia roubado na cobrança de impostos (Lucas 19.8). Isso era mais do que a lei judaica estipulava.

Nota: Alguns pecados, por exemplo fornicação ou adultério, trazem ataduras ímpias da alma com a outra pessoa; essas ataduras da alma necessitam ser quebradas. Veja o capítulo 5 desta seção.

Passo 5. Aprender a resistir

Também devemos aprender a resistir às futuras tentações de pecado.

Tiago 4.7 diz: "Resistam ao Diabo, e ele fugirá de vocês". Em 1Coríntios 10.13, lemos: "[...] quando forem tentados, ele [Deus] mesmo lhes providenciará um escape, para que o possam suportar".

Nossa resistência aumentará à medida que ofereçamos novamente nossa vida a Jesus Cristo (Romanos 12.1,2).

Digamos: *"Jesus Cristo, quero que sejas o Senhor de cada parte da minha vida: minha mente, minhas emoções, minha vontade, meu corpo, meu tempo, meus bens, minhas relações, meu trabalho ou falta de trabalho, meu futuro e meu passado, tudo o que sou. Por favor, enche-me com a força do Espírito Santo".*

Relembre as sobreposições

Relembre que corpo, alma e espírito se sobrepõem. Os pecados, as feridas e os demônios operam da mesma maneira, já que também interagem sobrepondo-se. Neste capítulo, aprendemos como lidar com o pecado sem outros efeitos. Agora, observemos as áreas das feridas e das reações incorretas.

3. FERIDAS E REAÇÕES INCORRETAS

Lidando com as feridas e as reações incorretas a elas do ponto de vista bíblico

Instrução para tratar de feridas emocionais

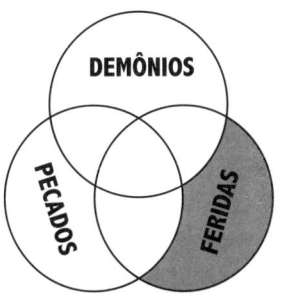

Uma ferida é uma dor que indica que nossa alma e nosso corpo sofreram danos. Uma dor física requer cura física. Feridas espirituais requerem cura interior. As feridas podem ser muito profundas. Algumas encontram-se enterradas, tais como as raízes de uma planta. A pessoa já não se lembra dos incidentes dolorosos, mas ainda segue sofrendo os efeitos. As feridas emocionais podem produzir dores físicas ou doenças, inclusive transtornos mentais. No diagrama, vemos as feridas na área colorida; e na área geral cinza, as reações incorretas (pecaminosas) são as feridas.

A Bíblia ilustra a relação entre espírito, alma e corpo

- Provérbios 14.30: a inveja corrói os ossos.
- Provérbios 15.13: o coração doloroso deprime o espírito.
- Provérbios 15.30: as boas notícias renovam as forças.
- Provérbios 16.24: as palavras amáveis dão saúde ao corpo.
- Provérbios 17.22: grande remédio é o coração alegre, mas o ânimo caído seca os ossos.

As feridas podem originar-se de

- Palavras de outros.

- Atitudes de outros.
- Desilusões.
- Perda do pai ou da mãe.
- Outros tipos de perdas significativas.
- Rejeição: gravidez ou gênero não desejado.
- Rejeição: por parte do casal, pares, sociedade.
- Situação familiar difícil.
- Discussões entre os pais.
- Más experiências na escola.

Tome um tempo para considerar onde possa ter ainda feridas sem cura. É importante lidar com elas, porque, caso contrário, elas afetarão nosso comportamento, nossas relações e nosso ministério.

Que podemos fazer com essas feridas?

Algumas feridas superficiais podem curar-se facilmente, bastando perdoar a pessoa. Feridas mais profundas podem necessitar de mais tratamento. Lidamos especificamente com o abuso sexual na seção 3, capítulo 9.

O QUE PODEMOS FAZER A RESPEITO DAS FERIDAS E REAÇÕES INCORRETAS A ELAS

Passo 1: Reconhecer a ferida.
Passo 2: Entregar a ferida a Jesus Cristo na cruz.
Passo 3: Perdoar aqueles que causaram tal ferida.
Passo 4: Entregar as reações incorretas a Jesus Cristo na cruz.
Passo 5: Pedir e aceitar o perdão pelas reações incorretas.

O anterior corresponde à segunda caixa, referindo-se à "cura interior e passos de libertação".

Passo 1. Reconhecer a ferida

É muito importante que curemos nossas feridas. Às vezes, os cristãos negam estar feridos em seus sentimentos. Albert, como evangélico conservador, aprendeu durante o período universitário que tudo o que necessitávamos era a Bíblia, para que nos desse entendimento; mas, se somente cremos na mente, não estaremos considerando as emoções. No movimento carismático, pode ser que iremos para outro extremo, ao não considerar a mente e deixá-la na porta ao entrar na igreja. A vida cristã necessita de um equilíbrio. Necessitamos usar tanto a mente como também reconhecer nossas emoções. Reconhecer significa admitir e expressar. Por exemplo, podemos dizer: "O que minha esposa me disse me doeu", ou "O que aquela pessoa me disse me aborreceu profundamente". Se sepultarmos nossa dor emocional, ela aparecerá em alguma outra parte!

É muito importante também entender que Deus não tem culpa de nossas feridas; estas são causadas pelo pecado presente ou passado do ser humano.

Passo 2. Entregar a ferida a Jesus Cristo na cruz

Leia Isaías 53.3,4: "Foi rejeitado e desprezado pelos homens [...]".

Imagine que você esteja levando uma mochila muito pesada nas costas. Ela está cheia de dor e feridas. Vá com ela até a cruz. Imagine tirando-as da mochila e colocando-as dentro de uma caixa aos pés da cruz. A caixa é a lata de lixo em que Deus põe a imundície do mundo, onde podemos depositar não somente nossos pecados, mas também nossas feridas.

Imagine-se escrevendo cada incidente doloroso e jogando o papel dentro da caixa ao pé da cruz e, finalmente, queimando-a. Ou pode fazê-lo de verdade! Imagine que esteja olhando para Jesus Cristo na cruz. Diga-lhe: "Por favor, Senhor Jesus, toma minha dor.

Exemplo

Na Irlanda do Norte, um grupo de terroristas detonou uma bomba. A filha, já maior, de um homem morreu em seus braços.

Ele testificou na televisão que havia perdoado aos que mataram sua filha, porque ele era cristão.

As pessoas ficaram impressionadas com essa atitude. Mas, mais tarde, ele caiu em uma terrível depressão, provavelmente porque não havia reconhecido completamente sua ferida.

Tu levaste minhas cargas e minhas dores. Tu foste menosprezado e rejeitado pelos homens. Agora, te entrego minha dor".

Se você tem uma dor física em seu coração, por exemplo, que provém de sua dor emocional, então põe sua mão onde dói e diga: "Jesus, por favor, toca a minha dor". Receba a cura enquanto Jesus o toca por meio do poder do Espírito Santo. Mantenha sua mão nesse lugar até que a dor se vá.

Passo 3. Perdoar àqueles que causaram tal ferida

O preço do perdão custou a Jesus tudo o que ele tinha: sua vida. Ele, portanto, quer que também perdoemos aos que pecaram contra nós. Pode ser que nos custe muito, mas nunca tanto como custou a Deus.

Leia a parábola do servo incompassivo em Mateus 18.21-32. Distinga o grande custo do perdão de Deus e o grande custo do servo impiedoso ao falhar em perdoar. Como somos torturados se não liberarmos o perdão! A falta de perdão, a amargura, o ódio, a ira, etc. podem afetar nossa saúde física, bem como nossas emoções. Toda falta de perdão interrompe nossa comunhão com Deus. Sem o perdão de Deus, vivemos em uma prisão por causa do nosso proceder. Se não perdoarmos aos outros, somos novamente lançados dentro de onde somos torturados. Não seremos capazes de pagar nossa dívida, portanto permaneceremos naquela prisão pelo resto de nossa vida.

A falta de perdão nos impede de receber cura. Em uma obra realizada em Buenos Aires, no ano de 2006, uma mulher testemunhou sobre os efeitos da falta de perdão nela. Seus patrões lhe haviam ferido no ano de 2001. Pelos três anos seguintes, a partir desse momento, foi torturada com dores que ela sentia como uma faixa elástica em toda a sua coluna. Em nossa obra de 2004, ela motivou-se a perdoar seus patrões; ela assim o fez, e a faixa elástica se rompeu e nunca mais voltou a aparecer.

Apoio visual para ajudar-nos a perdoar

Imagine que esteja parado ou ajoelhado diante da cruz, junto com a pessoa que a feriu. Jesus morreu por vocês, e seu amor é o mesmo para ambas. Deveria ser já mais fácil de perdoar e liberar aquela pessoa.

Tomando o exemplo do capítulo anterior, segure um lápis com a mão apertada, como representação da pessoa a quem deve perdoar. A tendência natural é querer vingança, mas Deus quer que a deixemos ir.

Quando estiver pronto, abra suas mãos e diga: *"Eu o libero (nome da pessoa) em nome de JESUS. Entrego você a ele para que o abençoe com seu amor e misericórdia e trate com sua vida"*.

Logo, peça a Deus que o encha do amor que ele tem por essa pessoa. Repita isso, até que se sinta finalmente livre das feridas e rancores.

Se você não pode abrir a mão e liberar essa pessoa, talvez necessite mais cura ou, quem sabe, até ser libertado de algum demônio de falta de perdão. Trataremos disso nos capítulos de libertação na seção 2.

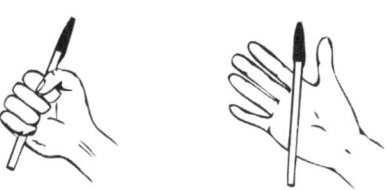

Passo 4. Entregar as reações incorretas a Jesus Cristo na cruz

Podemos escolher a maneira de reagir às feridas.

Se **perdoamos e liberamos** imediatamente, então o incidente perde seu poder sobre nós. Se reagimos com o **desejo de devolver o golpe**, escolhemos o caminho de **rebelião externa**, dando lugar a uma corrente: de rebelião ao ressentimento, à amargura, ao ódio, à ira, à cólera, à violência e, finalmente, ao homicídio.

Se reagimos com sentimento de rejeição, escolhemos o caminho de **autocompaixão interna**: a autocompaixão pode levar ao retraimento, à depressão, ao desespero e, finalmente, ao suicídio. Pode ser que reajamos com **uma mescla de ambos**.

Um exemplo: Sabemos da história de um jardineiro brasileiro em Salta, no norte da Argentina, a quem sua patroa suíça criticava constantemente. Ele finalmente teve a reação de matá-la e também a seu esposo.

Uma resposta muito mais adequada é poder levar essas reações incorretas à cruz de Jesus. Podemos agir da mesma maneira que o fizemos com o pecado e as feridas: levando-as à cruz.

Usaremos novamente um dos simples exemplos do capítulo anterior, que pode ajudar-nos a ilustrar isso. Imagine que sua mão esquerda represente sua vida e sua mão direita represente Jesus Cristo. Pegue um livro pesado. Este representará suas reações. Passe o livro de sua mão esquerda para sua mão direita e, enquanto o faz, medite sobre suas reações incorretas. Entregue-as a Jesus. Ao transferir esse livro pesado de sua mão esquerda para sua mão direita simboliza a entrega a Jesus de suas reações incorretas aos acontecimentos, permitindo-lhe, assim, que trate com a situação ou com as pessoas envolvidas.

> **Atividade**
>
> Pense e faça uma lista de outros exemplos na Bíblia, ou nos noticiários, desses padrões de comportamento que originam-se dessas feridas.
>
> Um exemplo claro: o rei Saul sentiu-se rejeitado pelas pessoas que foram a favor de Davi. Seu ressentimento, finalmente, levou-o a tentar o homicídio.

Passo 5. Pedir e aceitar o perdão pelas reações incorretas

Diga a Jesus: *"Trago minhas reações incorretas a ti e peço que me perdoes, por favor, apesar de não merecer ser perdoado"*.

O livro está em minha mão direita, entreguei minhas reações incorretas a Jesus. Já não devo levar mais o peso.

"Obrigado, Senhor Jesus, por teu sacrifício na cruz do Calvário. Obrigado me perdoares. Recebo tua promessa que está em João 1.9: 'Se confessarmos nossos pecados, tu és fiel e justo para perdoar os nossos pecados'. Se não somos capazes de liberar nenhuma das reações antes mencionadas, então pode ser que necessitemos ser libertados dos demônios que entraram em nossa vida, assenhoreando-se desses sentimentos por muito tempo.

> **Revisão**
> Revise esses passos antes de ir para o capítulo seguinte.
> Memorize-os e empregue-os cada vez que seja aborrecido.

A continuação

No capítulo seguinte, veremos como essas feridas ou esses pecados que ainda causam recordações dolorosas, podem ser curados e extirpados. Continuamos no passo 6, sobre os "possíveis passos extras" no quadro sinótico de "cura interior e libertação".

4. LEMBRANÇAS DOLOROSAS

Como se podem curar as lembranças dolorosas

As feridas e os sentimentos de raiva, produto dos acontecimentos de dor, podem estar enterrados em nosso subconsciente, ou bem fechados dentro de nossa memória. Às vezes, os eventos são tão traumáticos ou tão profundos que não experimentamos libertação e cura, apesar de haver seguido os simples passos descritos no capítulo anterior (reconhecer a ferida, levá-la à cruz, perdoar etc.).

Nesse caso, pode ser que se requeira uma cura das lembranças.

Convidamos ao Espírito Santo que nos capacite para voltar a estes eventos de nossa mente. Enquanto revivemos essa experiência, pedimos ao Espírito de Deus que entre em cena. Logo experimentamos como ele procede ou diz algo que traz cura. Depois disso, devemos ser capazes de perdoar.

Passo 6. Cura das lembranças dolorosas

1. Sente-se ou encoste de uma maneira cômoda e relaxada.
2. Proíba a entrada de qualquer demônio em sua mente.
3. Diga: *"Por favor, Espírito Santo, leva-me ao tempo em que eu deva ser curado".*
4. Espere que venha essa lembrança. Pode ser uma recordação ou algo que sucedeu em algum lugar da sua casa quando era criança. Reviva o incidente.
5. Deixe que suas emoções saiam à superfície. Por exemplo, quem sabe tenha o desejo de chorar ou sinta temor.
6. Quando o sentimento tiver sido libertado, diga: *"Por favor, Jesus Cristo, entra nesta lembrança".*

7. Observe o que o Espírito faz ou preste atenção no que ele diz.
8. Perdoe àqueles que o prejudicaram e abençoa-os.
9. Você pode pensar nesse incidente sem medo, ferida, raiva ou dor? Se não puder, volte a executar alguns passos anteriores.
10. Repita todos os passos mencionados anteriormente até que não haja mais lembranças dolorosas que queiram regressar.
11. Agradeça a Deus e ofereça-se renovado a Jesus, pedindo-lhe que o enchas do Espírito Santo: *"Jesus Cristo, quero que sejas o Deus de cada parte do meu ser: minha mente, minhas lembranças, minhas emoções, minha vontade, meu corpo, meu futuro e meu passado. Por favor, enche-me do Espírito Santo".*

Passo a passo

O Espírito Santo somente poderá levar-nos ao passado à medida que o permitamos. Geralmente, começamos com as lembranças que são menos dolorosas. Logo, enquanto experimentamos a cura, vamos adquirindo mais confiança para permitir ao Espírito Santo às partes mais doloridas. Um exemplo: em cada visita que fazíamos ao Equador, ministrávamos a uma mulher. Foi somente na última visita que ela foi capaz de pedir ao Espírito Santo que lhe mostrasse o trauma mais profundo e assim receber cura.

Testemunho

Em uma conferência que fiz em Jinja, Uganda, estávamos ensinando sobre a necessidade de perdoar aos outros. Na hora do almoço, uma senhora veio até nós e disse que nunca seria capaz de perdoar aos soldados do presidente Obote, os quais mataram toda a sua família em sua presença.

Perguntamos-lhe, então, se ela estaria interessada em que orássemos por ela diante de muitas outras pessoas, para assim mostrar como Jesus poderia curar suas memórias. Corajosamente ela aceitou.

Utilizamos os passos descritos neste capítulo. Ela viu os soldados entrando em sua casa, e toda a sua dor saiu à superfície. Logo convidou Jesus para entrar nessa situação.

Ela declarou que ele veio com tanta luz que num momento já não conseguia ver mais os soldados. Pôde perdoá-los e se encheu de alegria; e estava encantada, assim como nós, pelo que Deus havia feito.

Banhando-se no rio

Algumas memórias chegam a ser tão dolorosas que preferimos não pedir ao Espírito Santo que leve a pessoa a recordar o incidente; como é o caso de abuso infantil. Pedimos à pessoa que se imagine no trono de Deus, onde corre um rio de água pura (Apocalipse 22.1).

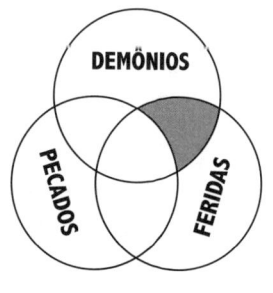

Permita que ela imagine-se no rio sendo lavada da cabeça aos pés.

É bom explicar-lhe que a água proveniente do trono de Deus pode limpá-la do sentimento de ter sido usada; da sujeira, da culpa e da vergonha. Quando chegar a imaginar sendo lavada pela corrente de água, permita que permaneça um tempo desfrutando da pureza da corrente. Pergunte depois de um tempo como ela se sente o que está experimentando.

Sobre os impedimentos

Se recorremos aos passos de cura das lembranças e vemos somente trevas por muito tempo, isso indica a possível presença de um demônio que está bloqueando o processo de cura.

Podemos ver que há uma área na qual as situações das feridas e demônios sobrepõem-se. Quer dizer que algumas feridas podem ser tão severas que chegaram a ser pontos de entrada para os demônios. Explicaremos isso de forma mais detalhada no capítulo 4 da seção 2. Nesse caso, pode ser que necessitemos fazer libertação antes de regressar aos passos de cura das lembranças dolorosas. Veja a seção 2.

Próximo capítulo

No próximo capítulo (5), analisaremos o passo 7 (Quebrando ataduras ímpias da alma), em que pode ser necessário lidar completamente com os efeitos dos pecados ou feridas.

5. QUEBRANDO ATADURAS ÍMPIAS DA ALMA

Como quebrar ataduras ímpias da alma

Necessitamos liberar os que nos causaram dano ou aos entes queridos que perdemos. Às vezes, isso pode parecer impossível, porque que existe mais de uma atadura na alma. As ataduras da alma são conexões emocionais e espirituais com outras pessoas, formadas de laços profundos, experiências compartilhadas ou dependências.

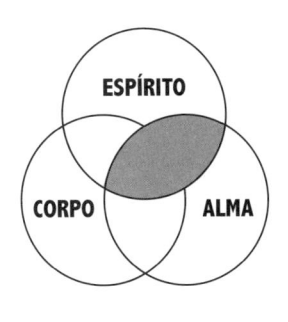

Deus nos desenhou para que formássemos vínculos positivos com outras pessoas, para nossa proteção e desenvolvimento: Mãe e filho, esposo e esposa, amizades etc. Mas o pecado, por exemplo relações sexuais fora do casamento, perverte o propósito de tais vínculos. Desilusões, ensinamentos falsos, abuso ou controle podem entrar e iniciar uma atadura de impiedade.

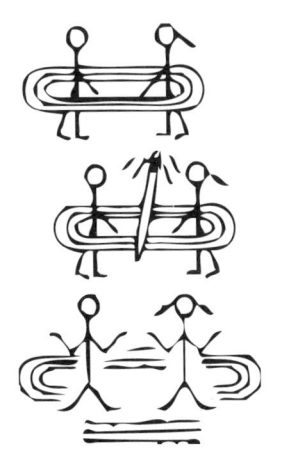

Passo 7. Quebrando qualquer atadura ímpia da alma

O primeiro passo é lidar com o pecado, como está descrito no capítulo 2.

Devemos conhecer e renunciar falsos pensamentos ou ilusões estar dispostos a liberar a pessoa. Para quebrar uma atadura ímpia da alma, pode imaginar-se você e essa outra pessoa atadas pela mesma corda.

Ore assim: *"Senhor Jesus, eu te peço perdão por ter formado essa atadura ímpia da alma por meio do pecado, ou ao permitir que a pessoa me dominasse ou abusasse de mim. Eu perdoo e o(a) libero agora. Por favor, vem com tua espada ou tua grande tesoura e corta essas cordas que me atam a ele(a). Quero ser livre para ser eu mesmo e ser a pessoa que tu queres que eu seja".*

Espere até que veja essas cordas caindo no chão. Repita esses passos com cada pessoa e com qualquer atadura forte.

> **Nota para o líder**
> Poderá ilustrar essas ataduras da alma usando cordões que amarrem duas pessoas; logo, corte-os com uma tesoura.
> **Tarefa**
> Faça uma lista de todas as pessoas com quem formou ataduras ímpias na alma. Repasse o capítulo 7 com essa lista pessoalmente ou com a ajuda de mais alguém.

Passo 8. Receba libertação se for necessário

A libertação pode ser necessária quando houve portas abertas para a entrada de demônios, em razão do pecado, das feridas, reações incorretas ou ataduras ímpias da alma.

Veja os capítulos sobre libertação nas seções 2 e 3.

POSSÍVEIS PASSOS EXTRAS

Passo 9. Receba a cura física

Às vezes, as doenças não foram curadas por causa dos obstáculos por parte dos efeitos do pecado ou das feridas, como é o caso da falta de perdão. Uma vez tratados esses obstáculos, ao ter seguido os passos anteriores, podemos procurar o poder de Deus para curar.

Se for necessário, podemos dirigir-nos a ministros para uma unção com azeite e imposição de mãos, como está escrito em Tiago 5.14-16 e Marcos 16.18.

Veja a seção 4 "Ministrando cura física".

6. NOVOS PADRÕES DE COMPORTAMENTO

Nosso papel em mudar o comportamento a fim de chegar a uma cura completa

Os padrões de comportamento são os hábitos ou uma reação automática numa corrente de respostas. Cada vez que repetimos uma ação ou pensamento por muito tempo, torna-se um padrão inconsciente de comportamento. Para mudar, é necessário reconhecer o padrão e começar a tomar um controle consciente, até que possamos estabelecer um novo padrão. Com o tempo, esse novo comportamento torna-se automático.

Veja a terceira caixa no quadro sobre "cura interior e passos de libertação" (p. 24).

Passo 10. Mudança de pensamentos, atitudes e padrões de comportamento

Devemos mudar nossa maneira de pensar pela maneira de pensar de Cristo. Os pensamentos repetitivos se tornam em atitudes que determinam nossas ações ou comportamentos. Leia Filipenses 4.8: "[...] tudo o que é amável [...] ocupe o vosso pensamento" (*Almeida Revista e Atualizada*).

Se estamos pensando constantemente em nossos problemas do passado, não passará muito tempo até que escorreguemos e voltemos a eles. Se permanecermos pensando nas feridas passadas de que fomos curados, breve terminaremos agindo da mesma maneira que fazíamos quando estávamos feridos. Então, as pessoas nos verão e dirão que a ministração que recebemos foi perda de tempo. Mas o problema não

> **Baixa autoestima**
>
> A baixa autoestima é um sentimento de que não temos valor e tampouco podemos fazer algo. É o que é captado, pensado, ensinado.
> - O captado pela opinião de outras pessoas sobre mim.
> - O pensado de forma equivocada a meu respeito.
> - O instruído pelos ensinamentos e a ênfase exagerada na pecaminhosidade do homem e a ira de Deus; igualmente ao ignorar-se a doutrina sobre o amor e a paciência de Deus.
>
> Uma estima correta sobre si mesmo, de como Deus me vê, está em Romanos 12.3. É a resposta à baixa autoestima.
>
> **Atividade**
>
> Escreva nas áreas mencionadas acima, onde você deve mudar.
>
> Como você pode mudar?

é a ministração, mas, sim, o fato de não havermos construído novos padrões de comportamento para substituir os velhos.

Se quebramos um braço, necessitamos usar gesso até que se cure. Mas, quando se tira o gesso, devemos treinar os músculos gentilmente até que a força se recupere completamente. Se sairmos para jogar críquete imediatamente, pode ser que nos firamos e tornemos a quebrar o braço.

Pensamentos

Devemos tirar o capacete velho da mente, que contém as mentiras com as quais viveríamos naturalmente, e substituindo-as pela verdade que Deus nos revela em sua Palavra e pelo seu Espírito. Se nosso problema era a baixa autoestima e pensávamos: "Ninguém me ama", agora devemos pôr um novo capacete que diga: "Jesus me ama, e existem pessoas que me amam ou querem me amar também".

Se temos uma imagem equivocada de Deus, isso será difícil. Devemos aprender como Deus é realmente. Ele é muito diferente de nossos pais naturais.

Para saber mais da natureza de Deus como Pai, veja a seção 4 (p. 151).

Atitudes

Um pensamento pode simplesmente vir a nós como tentação. Mas, quando prestamos atenção e aprovamos isso e permitimos que regresse, pode tonar-se uma atitude. Nós mudamos nossas atitudes repetindo as novas verdades entregues por Deus e resistindo os velhos pensamentos. Na seção 2, capítulo 7, temos uma lista de verdades bíblicas para os filhos de Deus. Instrua-se nas verdades e nos versículos descritos, e verá como suas atitudes começam a mudar.

Pode ser que devamos ser também menos vulneráveis às feridas ou ofensas sobre o que as pessoas nos digam ou nos façam. Necessitamos nos tornar mais resistentes e ser menos orgulhosos e mais conscientes de nossas falhas. Talvez, devemos quebrar, por exemplo, o padrão de estimular a rejeição, ou outros padrões que desenvolvemos, com o objetivo de sobreviver ou de evitá-lo.

> **Mudando padrões de rejeição**
>
> Podemos ler nos versículos da Bíblia, como em Salmos 103 e João 3.16, que enfatizam que Deus nos ama e que não nos rejeita.
>
> Hebreus 13.6 diz: "[...] O Senhor é o meu ajudador, não temerei. O que me podem fazer os homens?".
>
> Efésios 1.4,5 destaca que fomos eleitos por Deus para estar dentro de sua família, desde que ele criou o mundo; portanto, sou valioso para ele. Então, por que me rejeito diante do que qualquer um pense de mim?

Novos padrões de comportamento

À medida que nos familiarizamos com a verdade e praticamos mais, reagir da maneira correta se torna cada vez mais fácil. Não obstante, podemos decair e retroceder aos antigos modos mas, não devemos permitir que o inimigo ou que outros nos condenem. Você deve tratar com o pecado ou reação incorreta o mais rápido possível, e regressar à nova maneira de viver. Com o tempo, o comportamento se tornará um hábito, e virá naturalmente como faziam antes as reações incorretas ou hábitos pecaminosos.

Tenha cuidado com suas influências

É difícil estabelecer novos padrões de pensamento enquanto absorvermos os pensamentos e maneiras do mundo, por meio da televisão, filmes, rádio e revistas, em lugar de absorver a música e a literatura que glorifique a Deus. Construa amizades cristãs que edifiquem e evite aquelas que conduzem à tentação.

> **Evite o legalismo**
>
> Proibir músicas não cristãs e meios de comunicação dentro de sua casa pode ser de muita ajuda por um tempo, enquanto você desenvolve seus novos padrões de comportamento e aprende a discernir e resistir.
>
> Contudo, não adote uma atitude legalista, dizendo que a televisão é ruim e toda música não cristã é perigosa. Porque isso não é certo e terminará causando problemas a longo prazo, especialmente no desenvolvimento social de seus filhos.

Quando isso não funciona

Às vezes, todas nossas tentativas de estabelecer novos padrões de comportamento parecem não levar-nos a nenhuma parte. Mesmo empenhando-nos seriamente, parece que tornamos a cair uma e outra vez. Nesse caso, pode ser que requeira mais cura em certas áreas relacionadas, ou pode ser que haja um impedimento demoníaco.

Na seção 2, veremos a área de libertação. Aprenderemos como os demônios nos afetam e de que maneira podemos lidar com eles, a fim de estabelecer novos padrões de comportamento e viver como Deus determinou.

Seção 2
LIBERTAÇÃO

Na **seção 1**, aprendemos acerca dos problemas naturais nas áreas dos pecados e das feridas e a maneira de lidar com eles.

Nesta seção veremos como os demônios podem aumentar os efeitos naturais dos pecados e das feridas. Explicaremos quem são, o que fazem e de que maneira influenciam nossa vida. Logo nos prepararemos para ministrar libertação.

1. LIBERTAÇÃO NOS EVANGELHOS

Ministrar libertação é bíblico e é parte da comissão da Igreja atualmente

A palavra libertação significa liberar de opressão ou de circunstâncias perigosas. Quando falamos de libertação, referimo-nos a expulsar demônios, chamados de outro modo de espíritos malignos ou imundos. Essa foi uma parte vital dentro do ministério de Jesus, e ele nos encarregou de fazermos o mesmo.

Libertação dentro do ministério de Jesus
Leia Lucas 4.18-21.

Jesus anunciou que sua vida era o cumprimento da profecia de Isaías 61.1-3, a qual teria quatro elementos: pregar, curar, libertar os cativos e também os oprimidos. Dois desses quatro elementos se relacionam claramente com o ministério de libertação. A libertação, pelo que podemos ver, foi uma parte vital da missão de Jesus. Ele não esvaziava prisões nem entrou em batalha contra os romanos, mas deve ter falado, essencialmente, de ataduras e opressões espirituais.

Jesus pôs uma grande ênfase nessa parte de seu ministério. Por exemplo, em Lucas 13.31, a caminho de Jerusalém, alguns fariseus lhe disseram que deixasse esse lugar e fosse para outra parte. "[...] Herodes quer matá-lo". Jesus lhes respondeu: "[...] Expulsarei demônios e curarei o povo hoje e amanhã, e no terceiro dia estarei pronto". Jesus não se referiu à pregação. Ele falou somente de seu trabalho de expulsar demônios e curar pessoas.

Jesus diretamente relacionou, sobretudo, a vinda do Reino de Deus com o expulsar demônios. Em Lucas 11.20, ele disse: "Mas se é pelo dedo de Deus que eu expulso demônios, então chegou a vocês o Reino de Deus". Isso refletia que Jesus não tinha nenhuma dúvida sobre a realidade dos demônios e considerava o ministério de libertação como um sinal vital e chave para a vinda do Reino dos céus.

Notemos também que Jesus discernia os diferentes problemas e aplicava o remédio adequado. Às vezes, somente curava; outras vezes, proclamava o perdão dos pecados e depois curava; e, em outras ocasiões, expulsava os demônios e curava. Enquanto a mulher simplesmente falava com ele, depois de flagrada no ato de adultério, disse-lhe que fosse e não pecasse mais. Expulsou sete demônios de Maria Madalena.

Se queremos ser como Jesus, necessitamos considerar esse aspecto de seu ministério seriamente e procurar seu dom de discernimento, para saber quando se faz necessário esse ministério.

A Grande Comissão

Leia Mateus 10.1-8; Marcos 3.14,15; 6.12,13; 16.15-18; Lucas 9.

Quando Jesus enviou seus 12 discípulos, lhes deu autoridade e lhes ordenou: 1) pregar o Reino de Deus; 2) curar os enfermos; 3) expulsar os demônios.

Comissão dos setenta e dois

Em Lucas 10, Jesus enviou 72 homens para proclamar o Reino. No versículo 19, Jesus lhes disse: "Eu lhes dei autoridade para pisarem sobre cobras e escorpiões, e sobre todo o poder do inimigo; nada lhes fará dano." Então, a libertação era realmente uma parte essencial do trabalho. Quando regressaram, eles informaram: "Até os demônios se submetem a nós, em teu nome" (v. 17). Pelo que, obviamente, estavam expulsando os demônios.

A comissão entregue a nós

Em Mateus 28.19,20, os discípulos recebem a seguinte ordem dada por Jesus: "Portanto, vão e façam discípulos de todas as nações, ensinando-os a obedecer a tudo o que eu lhes ordenei [...]". Essa comissão foi entregue a cada nova geração de discípulos até chegar a nós. A Igreja, em nível mundial, aceita o ato de termos herdado essa comissão de evangelizar, mas frequentemente vacila quando se trata de expulsar demônios ou curar enfermos. Marcos 16.15-18 diz: "[...] Vão pelo mundo todo e preguem o evangelho a todas as pessoas [...]. Estes sinais acompanharão os que crerem: em meu nome expulsarão demônios [...] imporão as mãos sobre os doentes, e estes ficarão curados".

A Igreja primitiva fez libertação como parte do plano de conversão. Mas a Igreja moderna deixou de lado esse ministério. É por isso que temos a necessidade de fazer libertação entre os cristãos.

Ignorância?

Durante nossos primeiros onze anos como missionários em Uganda, nunca expulsamos nenhum demônio, em razão de que éramos ignorantes no tema. Desde que descobrimos a realidade disso e aprendemos como tratar com esses seres, a libertação se tornou uma parte frequente em nosso ministério. Regressamos a Uganda cinco vezes desde 1989 e expulsamos milhões de demônios em nome de Jesus, ali e em outros países.

Éramos simplesmente ignorantes dessa realidade, porque estávamos condicionados a não ver esse aspecto do evangelho em nossa vida. Todo ano de treinamento que Albert recebeu em um instituto missionário, nunca lhe ensinaram nada prático sobre os demônios, tampouco a Elisabeth, que havia frequentado um instituto bíblico por anos.

Ou medo?

Às vezes, as pessoas resistem a esse mandamento de Jesus Cristo sobre expulsar demônios por causa do medo. Qual a razão para o medo? Não há nada a perder, e sim tudo a ganhar, ao mover-nos na verdade absoluta do Reino de Deus. Não se trata de perder o controle. Trata-se de recuperar o controle que o inimigo tem nas áreas da nossa vida pessoal ou da nossa vida na Igreja.

2. OS DOIS REINOS ESPIRITUAIS

A relação entre o Reino de Deus e o reino de Satanás; os demônios como ajudantes de Satanás

O Reino de Deus é o lugar em que as pessoas aceitam as regras de Deus; o Espírito Santo em sua vida. O reino de Satanás é o lugar no qual Deus não é obedecido. Satanás é descrito como o príncipe deste mundo. Em 1João 5.19, lemos: "[...] o mundo todo está sob o poder do Maligno". Portanto, sem saber, estamos sob o controle de Satanás se não obedecemos a Deus.

Vida *versus* morte

Nosso espírito tem conexão com dois reinos espirituais. Nosso corpo e alma se veem afetados quer pelo Reino de Deus quer pelo reino de Satanás, dependendo das atitudes ou do estado de nosso espírito. O Reino de Deus entrega vida em plenitude a seus cidadãos (João 10.10b), mas o reino de Satanás tem como objetivo "roubar, matar e destruir" (João 10.10a).

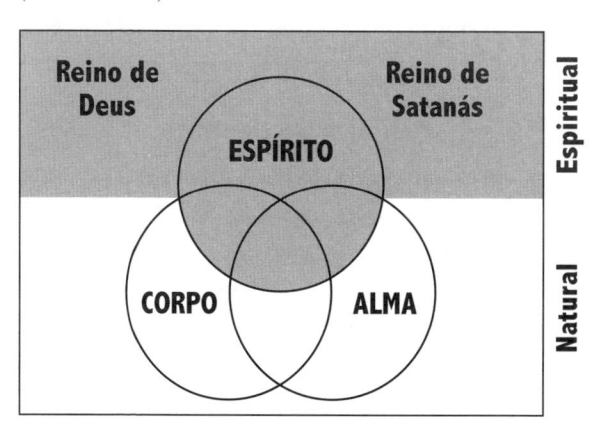

Diferenças entre o Espírito Santo e Satanás

O Espírito Santo pode estar no coração de cada pessoa que tenha se tornado uma nova criatura mediante arrependimento e fé no Senhor Jesus. Satanás, pelo contrário, não pode estar em todos os lugares ao mesmo tempo. Em Jó 1.6-7, ele disse que vinha de rodear a terra e de passear por ela, o que demonstra que ele necessita de ajuda para dar conta de todos os seus planos malévolos.

Dizemos que Idi Amin ou Saddam Hussein mataram milhões de pessoas, apesar de quem realizou as matanças foram seus soldados e policiais. Então, ainda que culpemos Satanás, o "trabalho sujo" é realizado por seus colaboradores: demônios, espíritos imundos e malvados, como são nomeados de várias formas na Bíblia.

O Reino de Deus já venceu o reino de Satanás por meio da vitória de Cristo na cruz. O reino de Satanás, todavia, não aceita isso e continua lutando.

Deus o permite até que Cristo volte, mas então será o momento quando Satanás e seus demônios serão afastados. Enquanto isso, nós, os cristãos, temos as armas para a batalha contra Satanás e seus demônios. Como qualquer soldado, necessitamos ser treinados sobre como usar as armas de maneira efetiva, e logo devemos usá-las. Do contrário, todos nós sofreremos.

AS BARREIRAS IMPEDITIVAS PARA ACEITAR A REALIDADE DO MUNDO ESPIRITUAL

Materialismo científico

A maioria dos cristãos na Europa e nos Estados Unidos, e em outras partes do mundo, vive condicionada por esse pensamento. Têm dificuldades em aceitar a realidade do mundo espiritual.

Pensam que tudo deve-se provar ou medir com as ferramentas da ciência. Mas não é tudo que pode ser medido com os mesmos métodos. Por exemplo, é possível medir a distância entre dois pontos com uma fita métrica. Entretanto, não se pode medir a força do amor entre marido e mulher com esse mesmo instrumento.

A maioria das outras culturas ou pontos de vista que há no mundo não tem esse problema. Aceitam a realidade do mundo espiritual. Sabem que os demônios ou coisas nessas dimensões podem afetar a nossa vida.

Há alguns ocidentais que aceitam que o mundo sobrenatural é definitivamente real. Mas observam que a ciência fez um bom trabalho em explicar as coisas que uma vez foram catalogadas como espirituais. Essas pessoas advogam tudo poderá ser explicado algum dia.

Observadores objetivamente neutros?

Os ocidentais, com boa educação, voaram altamente à objetividade. Pensam que a ciência é objetiva e que conduzirá a uma verdade mais confiável. Os cientistas, entretanto, sabem que a ciência, por si mesma, encontra-se longe de ser objetiva. Sabem que ela está baseada em muitas suposições e em um sistema de crenças. É cada vez maior o número de cientistas que estão tomando o caminho da fé ao dar-se conta do pouco que podemos chegar a saber.

Um cientista treinado também sabe que não se pode observar um evento sem interferir no ser afetado por este. Assim é também com o ministério de libertação. Não pode ser observado nem analisado por um observador neutro. Quando somos enfrentados por uma manifestação do mundo invisível, não podemos permanecer neutros. Devemos optar por um lado.

Em uma guerra, ninguém pode permanecer neutro; há que escolher de que lado está. A Suíça declara ser um país neutro, mas agora sabemos que fez muitos compromissos com a Alemanha durante a Segunda Guerra Mundial.

A propaganda de Satanás

Satanás tem muito interesse em semear incredulidade acerca de sua existência e atividades. Os mesmos demônios estão por trás de algumas das grandes oposições que o ministério de libertação sofre, já que querem continuar suas atividades secretamente.

Algumas pessoas aceitam a realidade das ações demoníacas, mas pensam que elas se limitam somente àqueles que estão diretamente envolvidos em feitiçaria ou práticas ocultas. A suposição é que qualquer que realmente necessite de libertação estará obviamente atormentado e fora de controle, saindo espuma pela boca e gritando, assim como ilustram os filmes bíblicos, ao mostrarem pessoas possessas por demônios. A realidade, de qualquer forma, é mais sutil. O reino de Satanás está baseado em enganos, mentiras e temores. Os demônios são mestres na arte de esconder, retrair ou ocultar intenções, a fim de permanecerem no controle de uma área na vida da pessoa.

3. A NATUREZA E A AÇÃO DOS DEMÔNIOS

O que são os demônios e como intentam influenciar nossa vida?

A natureza dos demônios

A Bíblia e nossa experiência provam que os demônios ou espíritos malignos não são forças impessoais. A eletricidade, por exemplo, é visível, poderosa e perigosa, mas é física e impessoal. Os demônios, por outro lado, são seres espirituais que possuem caráter e intenções. Eles podem sentir, expressar emoções, pensar, crer, saber, falar, desejar e resistir.

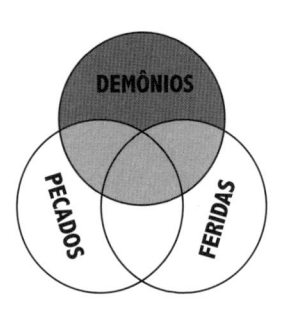

Leia Mateus 12.44; Marcos 1.23,24; 5.6-13; Tiago 2.19. Vemos que os demônios:

1. Falam, gritam, chiam, suplicam, discutem, catam.
2. Manifestam-se nas pessoas usando o corpo e a voz delas.
3. Têm força que varia de fraca a violenta.
4. Têm conhecimento e crenças.
5. Estão sujeitos a Jesus Cristo.
6. Geralmente, encontram-se em grupos.

Desde 1973, em que começamos nosso ministério de libertação, experimentamos todas essas características dos demônios, em cinco países na América do Sul, na Índia, na Indonésia e Cingapura, como também na Europa e África.

Alguns exemplos de manifestações que vimos

Em Nairóbi, 1975, um amigo cristão universitário, enquanto conversávamos em nosso apartamento, disse de repente: "Vou bater em vocês com toda a minha força". Tratava-se de um demônio usando a voz desse estudante.

Uma vez, ministrando a uma mulher na Suíça, que havia estado envolvida com o ocultismo, Daniel, hoje nosso genro, dirigiu-se aos demônios que estavam manifestando-se nela, e estes começaram a falar em hebraico antigo. Daniel entendeu a língua, graças aos seus estudos de teologia.

Em Zurique, março de 1993, um demônio falou em luganda, pela boca de uma mulher suíça que nunca havia estado em Uganda, nem sabia nada da língua e da cultura. Em Uganda, os demônios falaram em inglês quando a pessoa não sabia falar inglês.

Em Busoga, Uganda, 1990, um demônio falou em árabe através de uma anciã. Outro demônio em Busoga disse que não podia deixar a mulher porque ela era sua bicicleta. A mulher estava estendida no chão e começou a mover as pernas rapidamente, como se estivesse pedalando uma bicicleta.

Em 1992, vimos mulheres que começaram a bailar vigorosamente quando os demônios começaram a se manifestar nelas, quando eu estava ministrando libertação em uma igreja em Gulu, no norte de Uganda.

Escutamos demônios chorarem por misericórdia e suplicar que lhes permitissem ficar. Apesar de muitos demônios partirem rapidamente, temos visto manifestações violentas. Um demônio, não faz necessariamente que uma pessoa se veja malvada. O oficial nazista mais atencioso em um campo de concentração foi tachado como o mais malvado e cruel de todos.

É bom ter respeito pela eletricidade e pelo fogo, mas não podemos ter medo deles. Conquanto devamos ser cautelosos perante os demônios, não devemos ter medo (Lucas 10.17-19).

O trabalho dos demônios

A tradução infeliz de "endemoninhado" como "possesso", em algumas versões bíblicas, causam muita confusão. Dá a ideia de um zumbi, um lobisomem, e dificulta às pessoas entender a verdadeira natureza do demoníaco. Mais ainda: a palavra "possessão" implica a propriedade ou o controle de uma pessoa. Ainda que às vezes o demônio afete ou controle o comportamento das pessoas, é muito raro que seja de forma completa. Em Marcos 5.6, aquele homem que tinha uma legião de demônios podia exercer sua vontade e decidiu lançar-se aos pés de Jesus. A palavra grega *daimonizomenoi*, tem uma tradução melhor: "com um demônio".

Cristo nos mandou expulsar os demônios. Isso claramente indica que os demônios podem estar na pessoa ou diretamente sendo parte de sua vida. Qualquer palavra que usemos, o ponto importante é que, enquanto os demônios estão afetando partes da alma ou do corpo, a pessoa pode comportar-se normalmente e ver-se normal a maioria do tempo.

Os demônios podem afetar o corpo e a alma com a finalidade de levar a cabo o propósito de seu mestre "Satanás", que é "roubar, matar e destruir" (João 10.10a). Vamos dar uma olhada em como afetam cada área.

1. O corpo

Algumas enfermidades físicas, tais como a cegueira, a surdez ou as dores, podem ser causada por demônios. Exemplo: Marcos 9.17-27. Em várias ocasiões em Uganda, vimos pessoas que se curavam facilmente de suas dores e enfermidades depois de expulsarmos os demônios. Uma criança manca em Uganda, no ano de 1992, tinha um de seus pés torcidos em 90 graus. Quando o demônio foi expulso, o pé da criança voltou à normalidade. Uma mulher com artrite, em uma conferência realizada em uma igreja em Highleigh, Inglaterra, em 1988, pôde dançar depois que expulsamos o demônio da artrite, que fazia que seus pés ficassem incapacitados. Em 1994, um antigo piloto da Aerolíneas Argentinas, em Buenos Aires, libertou-se de um demônio que o havia deixado surdo por um ano.

Temos visto frequentemente como desaparecem as dores físicas, uma vez que se expulsam os demônios de falta de perdão, amargura, ressentimentos etc.

2. A alma (a mente, as emoções e a vontade)

a. A mente

Os espíritos podem aumentar enormemente os pensamentos impuros ou de blasfêmia, como a fantasia de luxúria. Podem também produzir falsas doutrinas (1 Timóteo 4.1). Ver a sorte é muitas vezes um presente da parte de um demônio de adivinhação (Atos 16.16-19). O orgulho, o engano e a indecisão podem aumentar sob um espírito. Da mesma maneira, os pensamentos suicidas também podem ser incrementados pelos demônios.

b. As emoções

Os demônios podem acrescentar enormemente a força das emoções negativas, tais como a amargura, a falta de perdão ou a rejeição, fazendo que se torne difícil lidar com elas de maneira comum, que é por meio de confissão, arrependimento, levar à cruz, autodisciplina, leitura bíblica, oração e comunhão.

Esse é um princípio muito importante e chave para resolver certos problemas nas pessoas. As emoções naturais negativas, pensamentos ou ações, podem intensificar-se pela presença de demônios.

c. A vontade

Algumas pessoas sob a influência dos demônios estão atadas em sua vontade e não podem fazer o que querem. Mas é muito estranho encontrar uma pessoa completamente controlada pelos demônios. É responsabilidade pessoal de ela querer ser liberta; não se pode culpar totalmente os demônios.

> **Chave importante**
> A emoção negativa natural ou pecado pode intensificar-se pela presença de um demônio que aumenta a emoção negativa ou pecado.

Cristãos e demônios?

Quando alguém torna-se cristão, está dando a chave da sua casa para Jesus Cristo, declarando-o o novo dono, e convida o Espírito Santo a entrar. Mas a casa pode ainda necessitar de reparos e de uma limpeza a fundo. Em uma casa normal, pode haver minhocas, ratazanas ou comida apodrecendo. Do mesmo modo, na vida cristã pode haver pecado, como também demônios.

> **Lembre-se:**
> Nem todos os nossos problemas são causados por demônios!
> Desenhe o diagrama de sobreposição circular e etiquete cada uma das áreas: corpo, alma e espírito.
> Depois, coloque os problemas de pecados, feridas e demônios no diagrama.
> Pense em que área colocaria cada problema dentro do diagrama.
> A maioria se concentrará na região de sobreposição.

A Palavra nos instrui que Cristo veio para quebrar o poder do pecado e de Satanás. Não somos livres imediatamente do pecado; precisamos aprender a aplicar a vitória da cruz em nossa vida de forma gradual.

Dentro do aconselhamento prático, nós e muitos outros, descobrimos que os demônios podem estar na vida dos cristãos, até que sejam expulsos. Isso pode acontecer quando não foi dado livre acesso a todas as áreas da vida ao Espírito Santo.

Você pode admitir com toda a sinceridade que submeteu todas as áreas do seu passado e do seu presente ao domínio do Espírito Santo?

Discernindo entre o estimulado de maneira natural e o estimulado em forma demoníaca

Na área das emoções, pensamentos e vontade, os demônios podem estimular ou aumentar a intensidade dos problemas naturais. Então, como podemos discernir se o problema da pessoa é natural ou se envolve um elemento demoníaco?

Podemos frequentemente julgar isso, baseando-nos na intensidade do problema, nas circunstâncias e na história da pessoa.

- Revise se esgotaram-se os métodos naturais.
- Se foi aberta uma janela de entrada para um demônio.

> **Emoções demoníacas**
> Os problemas na área das emoções podem ser:
> a) A mesma emoção ou
> b) a emoção intensificada por um demônio.
> A medicina:
> Para a) Aplica os princípios que Paulo deu em Romanos 8:13: "Se pelo Espírito mortificardes as obras do corpo, vivereis".
> Para b) A pessoa tem que desfazer-se do demônio e também lidar com as emoções naturais.

- Às vezes, a pessoa pode mostrar reações negativas, como raiva ou dor de cabeça, nos momentos de adoração ou quando o poder de Deus está fortemente presente (assumindo-se que não seja pelo sistema de som excessivo).
- Um demônio, eventualmente, reagirá ao escutar sobre o sangue de Cristo, enquanto as emoções não.
- Os demônios, frequentemente, estão entretecidos na personalidade da pessoa, e pode ser que não seja muito fácil desvendar e distinguir os demônios das emoções naturais; é como destrinçar cinco novelos de lã depois que um gatinho tenha brincado com eles.

Diagrama para o capítulo

Área de entrada espiritual: Bruxaria, Idolatria, Demônios ancestrais, Maldições, Rebelião (entrando no ESPÍRITO)

Área de entrada natural: Lesão, Infecção (entrando no CORPO); Rejeição, Trauma, Abuso (entrando na ALMA); Guerra (entrando entre CORPO e ALMA)

Diagrama em que figuram os pontos de entrada pelo corpo, pela alma e pelo espírito.

4. OS PONTOS NATURAIS DE ENTRADA PARA OS DEMÔNIOS

Como os demônios podem entrar na vida

Os demônios entram em nossa vida quando encontram um ponto de entrada. Pense em como nossa pele forma uma barreira entre nosso corpo e o mundo natural. Se nos cortarmos ou nos queimarmos, os germes podem entrar e infectar nosso corpo. Da mesma maneira, existe uma barreira entre nosso espírito e nossa alma e o mundo invisível. Quando essa barreira de proteção é danificada ou quebrada, os demônios podem entrar.

Janelas abertas

A esses pontos chamamos janelas. Podemos abrir essas janelas de nossa casa, ou outra pessoa pode arrombá-las. Mas não faz diferença para um ladrão que simplesmente quer entrar. Jesus disse que o ladrão vem para roubar, matar e destruir, não entrar pela porta (João 10.1).

> **Pontos de entrada baseados em cenários da área natural**
> - Pecados
> - Feridas
> - Ataduras ímpias da alma

A entrada que resulta ser muito óbvia para os demônios é o envolvimento com o ocultismo. Abordaremos este ponto e também outras religiões no capítulo seguinte. Neste capítulo, analisaremos as janelas abertas que são menos óbvias, mas as mais comuns. Existem quatro:

1. Pecando além do limite

Quando pecamos, rebelamo-nos contra Deus e nos fazemos amigos do reino de Satanás. Quando pecamos continuamente, estamos convidando seus auxiliares a entrarem em nossa vida. Tal como as ratazanas e as moscas são atraídos a uma carne que esteja podre, assim também atraímos demônios à medida que satisfazemos o pecado.

Romanos 1.18-32 nos diz que por causa do pecado contínuo Deus entregou os homens e mulheres a impurezas sexuais (v. 24), às paixões vergonhosas (v. 26) e a depravação mental (v. 28). Quais são os agentes que produzem esse comportamento? Alguns são os desejos naturais do coração, mas esses desejos abrem uma porta e removem as defesas. Cremos que é aqui onde os demônios entram em cena, e nossa experiência no ministério assim o comprova. Achamos que os pecados ativos da carne, por exemplo a fornicação, podem ser comandados por um demônio que logo incrementa o desejo natural de fornicação.

O mesmo sucede com o ódio. Praticado de maneira contínua, permite a entrada de um demônio de ódio, que estimula-o. Um claro exemplo: em 1Samuel 19.9, Saul persistiu em odiar Davi. Deus enviou (permitiu) que um demônio de ódio atormentasse Saul. Paulo diz em Colossenses 3.8: "Mas agora, abandonem todas estas coisas: ira, indignação, maldade, maledicência e linguagem indecente no falar".

Na parábola de Mateus 18.21-35, o servo impiedoso é entregue aos carcereiros para ser torturado.

Jesus disse: "Assim também lhes fará meu Pai celestial, se cada um de vocês não perdoar de coração a seu irmão" (v. 35). De que maneira Deus poderia torturar-nos? Uma maneira é permitindo que os demônios nos atormentem. Essa parábola ilustra o que temos descoberto muitas vezes na prática.

Outros pecados, como a idolatria, o envolvimento com outras religiões e seitas, o domínio e o controle permitem a entrada de demônios. O pecado do orgulho foi a causa da queda de Lúcifer e pode abrir uma janela para um espírito que há de manifestar-se durante a libertação. Temos visto o orgulho manifestando-se por meio do nariz empinado de uma pessoa!

2. Eventos dolorosos

Eventos traumáticos podem quebrar a proteção natural e abrir portas para a entrada de demônios; é como romper a tela do mosquiteiro colocado na janela e, assim, permitir a entrada dos mosquitos na casa.

Temos visto que a violência, o aborto, os acidentes e os abusos físico, psicológico e espiritual podem converter-se em pontos de entrada para os demônios, sem importar de quem tenha sido a culpa. Muitos demônios, como os de dor, falta de perdão, medo, ódio por um homem ou uma mulher, raiva e rebelião, podem entrar dessa maneira.

Muitas pessoas experimentam grande rejeição, mesmo antes de nascer, e isso constitui uma grande abertura ou ponto de entrada. Frank Hammod observou o fato da rejeição forte e a rebelião na esquizofrenia, que dão sinais de conter um componente demoníaco. A rejeição pode vir, por exemplo, da parte do pai, da mãe, do padrasto ou madrasta, da esposa ou do esposo, dos amigos ou de outros cristãos. Existem muitos tipos de rejeição: rejeição de outros, medo da rejeição, rejeição com outros e finalmente a autorrejeição. Cada tipo de rejeição pode estar relacionado com demônios que entraram por meio de diferentes incidentes. Por exemplo, alguém experimenta uma forte rejeição e jura a si mesmo: "Sou tão desgraçado que não deixarei que ninguém saiba o que sinto na realidade".

> **Exemplos**
> Na Suíça, um homem casado foi liberto de fortes demônios imundos, que haviam entrado por meio de revistas pornográficas.
>
> Na Inglaterra, um demônio do medo saiu à superfície numa anciã. Ela, quando ainda criança, havia acompanhado seu irmão assistindo-a um filme de terror, e desse dia em diante ficou muito amedrontada.

3. Ataduras ímpias da alma

Sempre que nos encontramos emocionalmente próximos a alguém, pode ter se formado uma atadura da alma. Algumas são legítimas, de acordo com o coração de Deus. Exemplo: entre um esposo e uma esposa, entre os membros da família, entre cristãos que estao perto, entre irmãos e irmãs, e entre amigos, como foi o caso de Davi e Jônatas.

As ataduras ímpias são de modo comum formadas pelo sexo fora do casamento. Se essas ataduras não se rompem, podem ser um estorvo para experimentar uma união absoluta das almas dentro do matrimônio, onde o sexo deveria servir para a união dos parceiros.

A união sexual conduz à unidade espiritual. Assim, o ato sexual ímpio permite também a transferência de demônios de uma pessoa a outra. Assim também, podem ingressar demônios imundos de fornicação, adultério, abuso ou violação.

4. Relações dominantes, abusivas ou manipuladoras

Um mau domínio ou controle sobre uma pessoa é pecado. Os pais, às vezes, transpassam a fronteira da criação natural e a disciplina normal e tornam-se controladores e dominantes. Um pastor pode dominar sua congregação, ou ele mesmo pode ser controlado pelos anciãos da igreja ou pelos líderes. Muitas esposas são dominadas por um esposo machista. Essa contínua dominação pode permitir a entrada de demônios na pessoa dominada, ou pode manifestar-se na pessoa que domina.

5. OS PONTOS DE ENTRADA ESPIRITUAIS PARA OS DEMÔNIOS

Pontos de entrada baseados em pecados espirituais, problemas ou circunstâncias

A única conexão segura com o mundo espiritual é por meio de Cristo Jesus. Qualquer que intente conectar-se com o mundo invisível, senão por meio de Deus, expõe seu espírito e dá o direito de entrada aos demônios. Um contato não intencional com o mundo espiritual pode também criar um ponto de entrada.

> **Pontos de entrada baseados em circunstâncias dentro da área espiritual**
> - Ocultismo
> - Ancestrais
> - Contato com a morte
> - Religiões

1. Envolvimento com o ocultismo

O desejo de entender ou possuir conhecimento e poder, vinculando-se ao mundo espiritual, arrasta algumas pessoas para atividades chamadas "ocultistas" (que significa mistérios). *Leia Deuteronômio 18.10-12.*

Em busca de conhecimento

- Sobre o futuro, por meio de astrologia e horóscopos, a sorte, o pêndulo, hidromancia, uso de búzios, borras de café ou folhas de chá, leitura da mão, cartas de tarô e bola de cristal. Um exemplo de demônio de adivinhação se encontra em Atos 16.16-18.
- Sobre o passado. A intenção de estabelecer contato com os mortos por meio das seções de espiritismo, médiuns, o tabuleiro Ouija (contato com

> **Exemplos**
>
> Um jovem da Jocum, em Uganda, treinado antigamente em magia, ainda conservava um forte e violento demônio: "o chefe dos magos".
>
> Um campeão de boxe possuía um demônio poderoso, por estar tomando remédios de um bruxo na Tanzânia.
>
> Um adolescente, na Inglaterra, jogava com um Tabuleiro Ouija (para se comunicar com os espíritos). Quando lhe vieram dores de cabeça, seu pastor me chamou solicitando ajuda. Depois de ministrar-lhe libertação, as dores de cabeça pararam completamente.
>
> Na Suíça, uma amiga foi para a cama com dor de cabeça. A dor continuou durante toda a noite. Na manhã seguinte, seu esposo lembrou-se de um novo calendário que ela havia ganhado e pendurado no dia anterior. Ele notou que nele estavam incluídos os signos do zodíaco. Quando o calendário foi jogado fora, suas dores de cabeça cessaram.

espíritos) etc. Nesses casos, um demônio dá a impressão de que é o espírito da pessoa morta. *(Veja a seção 3, capítulo 5.)*

Em busca do poder

- Poder físico. Por exemplo, um demônio de artes marciais saiu à superfície de um missionário que havia lido muitos livros relacionados com o tema. Um demônio de caratê começou a manifestar-se em um homem no Chile, quando foi ungido com azeite durante o tempo de ministração.
- Poderes mentais. Por meio de meditações orientais, cientologia, ioga.
- Poderes espirituais. Por meio da bruxaria, da meditação e da magia.

2. Outros contatos diretos com demônios

- Busca de saúde ou ajuda de curandeiros esotéricos, xamãs, bruxos, ou qualquer que esteja usando poderes demoníacos, tais como a magnetopatia, espíritas, pêndulos curadores e algumas práticas de medicina naturista.
- Objetos associados com demônios. Exemplo: alguns artesanatos consagrados por bruxos, ídolos esculpidos ou budas, santuários e ofertas de alimentos aos demônios, fios "santos" de templos hindus e gurus.
- Cerimônias de certos clãs nas quais os demônios são invocados.

- Certos tipos de músicas ou canções. Exemplo: Black ou Death Metal. No Chile, tivemos ao menos três situações nas quais a pessoa havia deixado entrar um demônio por meio do envolvimento com essa música.
- Livros de ocultismo.
- Satanismo: adoração direta a Satanás, que geralmente inclui pactos de sangue e/ou rituais de abuso sexual. Pode envolver abuso ou oferecimento de uma criança como noiva a Satanás.
- Satanistas ou bruxos podem enviar demônios a outras pessoas. Um exemplo: o Vudu.
- Centros espíritas e médiuns.

Onde uma mensagem supostamente provém de uma pessoa morta, através do médium, em sessões dentro de centros espíritas, provém na realidade de um espírito de engano. A Bíblia fala, em Hebreus 9.27, que depois da morte vem o juízo. Portanto, o espírito da pessoa não anda livre para comunicar-se com os vivos.

3. Herança de demônios ancestrais

Bruxos

Conhecemos muitos demônios em Uganda que impediam que as mulheres concebessem, as quais haviam consultado bruxos para assim poder conceber.

Pulseiras

Em Jocum, Buenos Aires, uma jovem cristã não pôde ser liberta enquanto não tiramos, com grande dificuldade, os adereços bordados que levava amarrados em seu punho.

Avô

Em Mbale, Uganda, em 2003, uma mulher tinha um demônio que vinha de seu avô, o qual esteve envolvido com bruxaria.

Suicídio

O pai de Sanju cometeu suicídio. Quando Sanju tinha 5 anos, ele subiu numa árvore e ameaçou tirar a própria vida.

O rev. dr. Thomas Varghese, que trouxe à memória desse caso, disse: "Era mais que claro que esse espírito de suicídio foi passado de pai para filho".

O resultado do pecado dos pais pode afetar várias gerações. Leia Êxodo 20.5; 34.6,7 e Deuteronômio 5.5-10. Essas passagens deixam claro que, apesar de os filhos não terem culpa, carregam os efeitos do pecado de seus antepassados. Se esses filhos repetirem sucessivamente os mesmos pecados, abrem a porta para as gerações seguintes sofrerem o mesmo problema. Dessa maneira, a atividade demoníaca se expande ao longo de uma linhagem familiar.

As culturas africanas e outras reconhecem que os demônios podem ser herdados. Certos rituais de algumas tribos na iniciação envolvem cerimônias nas quais o mais jovem recebe o demônio de seus antepassados. Falamos com pessoas na América do Sul que tinham demônios do orgulho e da crueldade herdados dos conquistadores espanhóis.

Alguns demônios ancestrais podem causar mortes prematuras dentro da família ou passar enfermidades ou medo a seus integrantes.

4. Contato com os mortos

Os demônios desejam um corpo para habitar e por meio do qual operar. Quando uma pessoa está agonizante, vão em busca de um novo corpo. Tentam transferir-se do avô para o neto durante ou depois do funeral. Portanto, se vamos estar em contato com um morto ou alguém que está morrendo, por exemplo em um funeral, necessitamos pedir a proteção a nossa vida e dos filhos por meio do sangue de Cristo. O médico pessoal também necessita orar por proteção quando estiver trabalhando com os moribundos.

5. Envolvimento com falsas religiões ou seitas

As religiões que negam que Jesus Cristo é o único caminho para a salvação (Atos 4.12) operam com demônios. As religiões são parte da estratégia total de evitar que as pessoas cheguem à verdade de Deus. Quando as pessoas adoram deuses falsos, na realidade estão adorando demônios, aos quais dão o direito de entrar em sua vida.

Cristianismo morto

"O cristianismo morto", como uma religião de obras, é também parte da estratégia demoníaca. Não faz diferença que sejamos protestantes, católicos ou carismáticos. Se nossos rituais, instituições, patrimônio ou plano de construção tomam o lugar de Cristo, então nos abrimos para os demônios religiosos. Na América do Sul, encontramos muitos demônios em lugares católicos romanos antigos por causa da idolatria a santos e à Virgem.

As crianças dedicadas à Virgem ou a um santo podem necessitar ser libertas de algum demônio. Vimos como uma anciã em Yacuiba, Bolívia, chorou de alegria ao ser liberta de um santo que a tinha atada por anos.

Outras religiões

Também vimos demônios que entraram por meio de religiões, como o hinduísmo, o islamismo e o siquismo. Um demônio muçulmano se manifestou, enquanto ministrávamos a uma mulher inglesa que havia cometido adultério com um homem do Irã.

Pode haver demônios provenientes dos testemunhas de Jeová, moonismo (Igreja da Unificação), maçonaria etc.

> **O deus Leão**
> Em certo lugar, um forte demônio de leão se manifestou com o rugido e as mãos parecidas com as garras de um leão. Era um demônio ancestral, de um jovem líder cristão, que vinha de um setor em que adoravam o deus Leão.
>
> **O deus Serpente**
> Na Índia, um demônio de serpente encurvava a língua de uma mulher ex-hindu, que havia adorado um deus Serpente.
>
> **A Ciência Cristã**
> Em Buenos Aires, um americano saiu rapidamente da ministração e se dirigiu à estação de trem mais próxima e depois regressou. Logo, disse-me que não podia olhar nos meus olhos enquanto eu pregava! Mais tarde, foi liberto de um demônio que havia entrado por meio da Ciência Cristã e afetado fortemente seu estômago.

6. Experiências religiosas falsificadas

Quando as pessoas perdem o controle da sua mente, torna-se possível a entrada de um demônio que produz uma falsa experiência religiosa. Demônios de engano também podem gerar falsas imagens que pareçam vir de Deus. Os demônios podem falsificar os dons do Espírito Santo, tais como falar em línguas. Por essa razão, algumas igrejas rejeitam o dom real! Primeira João 4.1, nos conclama a provar os espíritos.

6. PREPARANDO-NOS PARA O MINISTÉRIO DE LIBERTAÇÃO

Como preparar-nos para expulsar os demônios

A boa preparação é a chave para uma libertação efetiva, eficiente e durável. Ao regressar da comissão aos Setenta, os discípulos perguntaram a Jesus por que alguns demônios não saíam. Ele respondeu que alguns somente são expulsos com oração e jejum. Em outras palavras, existe uma necessidade de preparar o corpo e a alma. A libertação não é para os de coração morno.

Feito

1. **Assegure-se de ser salvo**
   Alguns afirmam que a libertação é somente para os não cristãos. Na realidade, uma libertação permanente é possível somente para aqueles que se convertem a Cristo e o têm como seu Senhor. Podemos, então, começar o processo de limpar a casa e convidar o Espírito Santo a preencher esse espaço. Isso é essencial para uma libertação durável.

2. **Faça que Jesus seja o Senhor de toda a sua vida**
   Devemos, de coração, dar ao Espírito Santo o controle de todas os cômodos da nossa casa. Se passássemos todo o tempo cheios do Espírito Santo, não haveria espaço para os demônios (Romanos 12.1, 2; 1Pedro 1.17-19).

Prepare-se

1. **Determine quais são as janelas abertas pelas quais os demônios podem entrar**
    É preciso fechar janelas arrependendo-se, renunciando ou consertando?
2. **Perdoe a todos os que o prejudicaram, especialmente pais e pessoas queridas**
    Necessitamos perdoar e aceitar o perdão de Deus para nós mesmos (Marcos 11.25; Mateus 18.21,22-35; Mateus 6.12,14,15). *(Veja a seção 1, capítulo 3.)*
3. **Compreenda o que significa o nome de Jesus Cristo**
    Atos 3.16; 19.13-16. *(Veja a seção 4.)*
4. **Compreenda o significado do sangue de Jesus Cristo**
    Apocalipse 12.11. "[...] eles o venceram pelo sangue do Cordeiro [...]" O sangue é para nossa libertação, assim como o perdão de nossos pecados. Os demônios temem e odeiam o sangue de Cristo, porque eles lembram-se de sua derrota e da derrota de seu mestre. *(Veja a seção 4.)*
5. **Compreenda a importância do azeite**
    Tiago 5.14 exorta os anciãos da igreja a ungir com azeite os enfermos. A libertação é um tipo de cura. Os demônios não suportam o azeite, e isso apressa a libertação.
6. **Conheça como exercitar a autoridade e vencer qualquer medo do inimigo**
    Isso vem à medida que começamos a entender quem somos em Cristo, enquanto somos reconstruídos pela Palavra. Proclamar a verdade pode ter um papel importante dentro da libertação (Lucas 10.17,18).
7. **Conheça a forma de preservar a libertação** *(Veja o capítulo 7 nesta seção.)*
8. **Cure as feridas ou lembranças dolorosas**
    Libertação sem primeiramente ter a cura das feridas pode tornar-se mais difícil e deixar-nos sofrer. *(Veja o capítulo 3 na seção 1.)*

9. **Memorize os quatro passos que serão usados durante o tempo de libertação**
   (Veja a continuação da última caixa de passos, o quadro de "cura interior e libertação".)

Procedimentos durante a libertação

Você vai necessitar de:
1. **Desempenhar um papel ativo, não passivo**
   Temos a autoridade de expulsar os demônios; de outras pessoas recebemos somente uma ajuda.
2. **Não desanimar se o demônio resiste e demora a sair**
   Ninguém quer abandonar uma casa agradável! Os demônios, chamados Legião, resistiram a Jesus e não lhe obedeceram imediatamente.
3. **Cooperação com quem irá ministrar a você**
   Você precisa dar suas observações quando lhe perguntarem sobre as reações internas, pensamentos contra a ministração ou sensações físicas.

Durante a libertação, diga em voz alta os quatro passos:

Passo 1a   *"Confesso o pecado que permitiu a entrada do demônio". Ou "Confesso que o segui praticando".*
1b   *"Arrependo-me disto".*
1c   *"Por favor, perdoa-me Deus".*
1d   *"Aceito teu perdão".*
Passo 2.   *"Submeto este demônio ao sangue de Jesus Cristo".*
Passo 3a.   *"Em nome de Jesus, ordeno a ti, demônio, que saia agora".*

3b. O ajudante diz: "Eu me uno a (nome da pessoa) e ordeno a este demônio no poderoso nome de Jesus que se retire e vá para onde Jesus Cristo quer que vá".
Passo 4a. *"O sangue de Jesus Cristo me faz livre"*.
Continue dizendo com convicção.
4b. O ajudante continua ordenando ao demônio que se retire, enquanto permanece olhando os olhos da pessoa.

Preste atenção às possíveis manifestações

Quando um demônio é desafiado, as seguintes reações podem ser sentidas, observada rapidamente ou depois de algum tempo:

1. **Reações muito suaves** no corpo; mas também um sentir de liberdade, leveza dentro da pessoa e da que está ministrando, uma vez que o demônio tenha saído.
2. **Sensações médias**, como pressão no peito, na cabeça ou na região do estômago; tensão, dores de cabeça, fadiga; o demônio dando pensamentos como "não irei", bocejo, tosse, espirro, palpitações nas orelhas, irritação nos olhos, adormecimento nas mãos etc.
3. **Reações fortes**, como gritos, risos debochadores, vômitos, retorcimento, tornar-se violento, retorcimento do rosto, silvo (assobio agudo), cuspir, uivo de cachorro, uivo de lobo, mugido de vaca ou manifestação de outros sons; aparência de morto, o demônio falando por intermédio da voz da pessoa etc.

A força das reações parecem ver-se afetadas por diferentes fatores, como: o tipo de força dos demônios, a preparação da pessoa, a determinação pessoal de querer libertar-se, a unção do ministro, ou da reunião etc.

As manifestações podem manter-se ao mínimo abaixo da imposição da autoridade por parte do ministro sobre os demônios. Entretanto, vemos em Marcos 1.23-26, que alguns demônios manifestaram-se audível e violentamente com Cristo. "O espírito maligno sacudiu o homem violentamente e saiu dele gritando." Também, quando Filipe foi a Samaria em Atos 8.5-7: "De muitos endemoninhados, os espíritos malignos saíam dando gritos.

Mais detalhes sobre o processo de libertação na seção 3, especialmente no capítulo 7.

Rastreando as manifestações

Se o demônio começa a manifestar-se, você deve colocar sua mão onde sinta a manifestação; por exemplo: certa pressão no estômago. Logo põe sua mão onde a manifestação se vai movimentando. Isso pode servir de guia para qualquer um que o assista na libertação Geralmente, se há pressão na área do estômago, a manifestação irá movendo-se lentamente até chegar à garganta. É bom, nesse ponto, já não falar do sangue de Cristo e começar a tossir. O demônio pode continuar fazendo a pessoa tossir. Se não for assim, ou uma vez que pare a manifestação, continue repetindo: "O sangue de Cristo me faz livre", até que não haja mais reações.

Não tema

As pessoas não se preocupam quando outros a veem manifestando. A natureza das manifestações não é um reflexo delas. Somente mostra a natureza de um demônio. Se determinamos a serem libertas, então não tentemos suprimir (omitir) a reação.

Não tenha medo de proclamar o nome e o sangue de Jesus.

Saber quando um demônio se foi

Quando um demônio deixou uma pessoa, esta pode experimentar uma sensação de alívio, claridade, alegria ou liberdade. A dor ou o desconforto desaparecem, e a paz e o calor podem fluir na pessoa.

De qualquer forma, um demônio, frequentemente, deixará de se manifestar e tratará de esconder-se sem realmente ter saído. Necessitamos aprender a discernir essa situação. Instruímos as pessoas a focar um demônio por vez e checar isso com cuidado, com a orientação do Espírito Santo. Para isso, repita os passos 4a e 4b.

O ministro deve ser quem decide quanto mais deve-se prolongar.

Passo 4a. *"O sangue de Jesus Cristo me faz livre."*
Continue dizendo com convicção.
4b. O ajudante continua ordenando ao demônio que se retire, enquanto olha nos olhos da pessoa.

Aplicando calor espiritual

Quando aplicamos calor abaixo de uma panela com água, leva tempo para que se ferva. Mas, depois de algum tempo, a água irá borbulhar e converter-se logo em vapor, e a panela ficará vazia.

Quando declaramos o sangue de Jesus, aplicamos calor espiritual. Um demônio começará a pertubar-se até que não possa suportar mais, e por fim se retira. É importante continuar aplicando o calor e não parar até que a água se ferva. Se não há calor suficiente, a água não vai ferver. A panela continuará cheia. Assim, os demônios não irão.

Um demônio não sai porque dizemos: "Tenho fé que ele se foi". Deve-se expulsá-lo.

O perigo de parar rapidamente

Um exemplo: Imagine que um dia você chega e encontra um cachorro que entrou em sua casa pela janela que você deixou aberta. O cachorro está feliz na cozinha, comendo o frango que você deixou para o almoço! Você se dirige ao cachorro e pega-o pela coleira e começa a arrastá-lo para o retirar de sua casa. Apenas chegou à porta e toca o telefone. Você solta o cachorro para atender à chamada, esquecendo-se do assunto, até que desliga o telefone. Onde está o cachorro? Novamente na cozinha, terminando de comer o frango. Você o havia levado até a porta, mas, depois que o soltou, ele tornou a entrar em sua casa.

De maneira similar, em muitas ocasiões, quando se faz libertação, os ministros levam o demônio até a porta de saída, mas logo param, e o demônio regressa à pessoa... O ministro diz: "Agora você está livre", mas a verdade é que a pessoa permanece com o mesmo problema.

Explicaremos detalhadamente os passos de libertação na seção 3, capítulos 5, 6 e 7.

7. DEPOIS DA MINISTRAÇÃO

O que fazer depois de receber libertação

Jesus ensinou em Lucas 11 e Mateus 12 que, quando um demônio é expulso, ele volta dos lugares áridos para tentar ocupar o espaço vazio. Uma vez que sua casa esteja limpa e ordenada, você deve convidar ao Espírito Santo para que habite nela e ocupe o espaço. E deve estar vigilante.

Conservando sua libertação

1. Agradeça a Deus por seu amor e sua libertação.
2. Não sinta condenação, mas sim, regozije-se pelo que Deus fez.
3. Ofereça sua vida a Cristo e ore com um ajudante pedindo para ser cheio do Espírito Santo.
4. Apesar de os demônios terem sido expulsos, você ainda precisa resistir à tentação natural.
5. Tenha cuidado acerca de a quem você conta as coisas. Os cristãos que duvidam do que você experimenta o desanimam.
6. Lembre-se que os demônios não podem voltar se caminhar com Deus e não deixar nenhuma janela aberta.

Renovação do coração e da mente

Junto com o ministério de libertação, precisa ocorrer uma mudança no coração (mente e vontade), para obedecer à Palavra de Deus. Somente se você ler e meditar na Palavra de Deus, pondo tudo isso em prática, terá êxito.

7. Depois da ministração

1. **Perseverança** — o primeiro ingrediente para a libertação
   A libertação é um processo e pode requerer muitas sessões, ou uma quantidade de oportunidades para recebê-la. Devemos estar determinados a fazer o que esteja ao nosso alcance para que aconteça. Mais sobre isto na seção 4A.
2. **Obediência** — O segundo ingrediente para a libertação
   Leve uma vida conforme o coração de Deus. O pecado atrai demônios, da mesma maneira que o lixo atrai ratazanas. A libertação não é para fazermos a vida mais agradável; é parte da santificação para sermos mais úteis ao Senhor. Procure a comunhão com outros cristãos.
3. **Permaneça em Cristo** — Tenha um tempo diário sozinho(a), que inclua leitura bíblica e oração. Medite na Palavra e se esforce em fazer tudo o que está escrito ali! Assim, você irá progredir e terá vitória (Josué 1.7).

"As promessas bíblicas para os filhos de Deus" e *"Oração diária e determinação"* a seguir podem também servir de ajuda. Meditar nelas e memorizá-las, ajuda a construir nossa fé em Deus.

As promessas bíblicas para os filhos de Deus

Quando Jesus enfrentou a tentação, ele respondeu e venceu ao citar as Escrituras. Memorizar versículos da Bíblia constrói a fé e fortalece corpo, alma e espírito. Recomendamos que aprenda as seguintes verdades. Busque em sua Bíblia e comprometa-se a memorizar versículos.

Redimido-perdoado-justificado

- Sou redimido por meio do sangue de Cristo. Meus pecados são perdoados. Efésios 1.7; Colossenses 1.14
- Meus pecados foram apagados. Salmos 103.3; Isaías 43.25
- Pela fé, sou justificado em Cristo. Gálatas 2.16

Morto para o pecado e vivo perante Deus

- Fui morto com Cristo e ressuscitado com ele para levar uma vida nova. Romanos 6.4,5; Efésios 2.6
- Minha natureza velha foi crucificada com Cristo. Romanos 6.6
- Fui crucificado com Cristo. Tenho uma vida nova por meio da fé no Filho de Deus, que se entregou por mim. Gálatas 2.20

Eleito e adotado por Deus

- Fui eleito por Deus antes da criação do mundo. Efésios 1.4-11
- Fui adotado como filho dele por intermédio de Jesus Cristo. Efésios 1.5

Uma nova posição (status)

- Deus é meu Pai. João 14.6-10
- Sou filho de Deus. João 1.12
- Sou valioso para Deus. Isaías 43.4
- Sou filho e herdeiro do Reino de Deus. Gálatas 4.7
- O Espírito de Deus está em mim. Gálatas 4.6
- Cristo, a esperança da glória, está em mim. Colossenses 1.27

Um novo chamado

- Fui criado para a glória de Deus. Isaías 43.7
- Deus me formou no ventre da minha mãe. Isaías 44.24; Salmos 139.13,15
- Todos os meus dias estão escritos no Livro da Vida. Salmos 139.16
- Sou abençoado com toda bênção espiritual em Cristo. Efésios 1.3
- Fui eleito para ser santo e sem mancha perante os olhos de Deus. Efésios 1.4
- A graça de Deus me foi dada em abundância. Efésios 1.8

Uma nova posição

- Estou sentado junto a ele no Reino celestial. Efésios 2.6
- Sou a morada do Espírito de Deus. Efésios 2.22
- Deus me cobre com seu amor e compaixão. Salmos 103.4

O Senhor se preocupa comigo

- O amor de Deus está sempre comigo. Salmos 103.17
- O Senhor me guarda da angústia. Salmos 107.6,13,19,28
- O Senhor me escuta e ouve minha voz. Salmos 116.1,2
- Deus cura minhas enfermidades. Salmos 103.3
- Ele satisfaz meus desejos e renova minhas forças. Salmos 103.5
- O Senhor cuida de mim. Salmos 121.5,7

Minha segurança está em Deus

- Ele é meu Deus amoroso e minha força. Salmos 18.1; 69.13; 144.2
- Ele é minha rocha, minha fortaleza, meu libertador. Salmos 18.2; 62.2, 6,7; 94.22
- Com Deus consigo a vitória. Salmos 107.13
- Ele me resgata de meu inimigo poderoso. Salmos 18.17
- Ele me arma com sua força. Salmos 18.32,39
- Ele adestra minhas mãos para a batalha. Salmos 18.35
- Ele me dá a vitória. Salmos 60.12; 1João 5.4
- O Senhor cuida de mim como a menina de seus olhos. Ele me esconde na sombra de suas asas. Salmos 17.8
- Minha alma encontra descanço em Deus. Salmos 62.1,5
- Minha alma se agarra à ele e está satisfeita. Salmos 63.5,8

ORAÇÃO DIÁRIA E DETERMINAÇÃO

Uma oração de dedicação

Pai celestial:

Hoje quero adorar-te e louvar-te como meu Deus e Criador.

Amaste-me desde antes da fundação do mundo. Fizeste-me filho e me adotaste em tua família quando recebi Jesus como meu Salvador. Agora estou sentado junto a ti nos lugares celestiais (Efésios 1.3-7). Deste-me vida eterna (João 3.36). Fizeste-me completo em Cristo (Colossenses 2.10).

Senhor Jesus, obrigado, porque, para mostrar-me o verdadeiro amor ao Pai, estiveste disposto a deixar o trono e vir dos céus à terra. Foste até a cruz e ali morreste por mim para fazer-me justo perante Deus (1Coríntios 1.30). Ressuscitaste dos mortos e continuaste vivendo em mim por intermédio do Espírito Santo. Portanto, decido hoje submeter minha vida inteiramente ao teu domínio. Submeto minha mente, minha vontade, minhas emoções, minha imaginação e meu corpo para obedecer somente a ti e à tua Palavra.

Peço que me limpes com teu sangue de tudo o que se interpôs entre nós, para que eu possa ser um canal limpo para ti.

Agora decido perdoar aos que me ferirão hoje, assim como tu me perdoaste. Espírito Santo, eu te peço, hoje, uma nova unção. Por favor, enche cada área de minha vida (João 7.37-39; Efésios 5.18; Atos 1.8).

Trabalha por meio de mim, e que minha vida traga honra e louvor ao Pai, Filho e Espírito Santo.

Amém.

Oração para perdoar

Pai celestial:

Decido perdoar àqueles que me feriram (nomeie-os). Libero-os completamente da culpa de seu pecado. Libero-os em teu amor, preocupação e perdão. Eu os abençoo em teu nome. Faço isso o melhor que posso de coração e não permito que minhas emoções continuem revelando essa ferida. Peço-te que, com teu sangue, apagues a dor das lembranças e ponhas nesse lugar compaixão e amor, por meio do Espírito Santo.

Amém.

Seção 3
MINISTRANDO CURA INTERIOR E LIBERTAÇÃO

Na **seção 1**, aprendemos sobre os problemas na área do pecado e as feridas e como lidar com elas.

Na **seção 2**, aprendemos como os demônios podem acrescentar os efeitos do pecado natural e das feridas; influenciar nossas vidas; e como preparar-nos para a libertação.

Esta seção analisará o papel do ministro e seu processo concreto de ministrar abaixo da superfície nessas três áreas.

1. ESTAMOS PRONTOS PARA MINISTRAR?

Qualidades de um ministro

O apóstolo Paulo usa a imagem de um atleta para recordarmos que a vida cristã, e particularmente a vida de um ministro, requer treinamento, dedicação e perseverança. Mas como deve-se treinar para ser um bom ministro?

A Bíblia exorta que aqueles que ministram precisam:

1. **Permanecer em Cristo**
   Leia a Bíblia, ore e vista a armadura de Deus diariamente para manter a comunhão com ele (Efésios 6.10--17). Jejuar e orar pode ajudar-nos a aumentar nossa dependência de Deus. A fé cresce à medida que vemos Deus usando-nos. Ele nos usa enquanto nos pomos à sua disposição.

2. **Caminhe em humildade**
   Somente o fato de que Deus nos usa não significa que somos perfeitos. Necessitamos ser humildes, andando em arrependimento e perdão contínuo para com os outros. Peçamos ao Espírito Santo que nos mostre nossas falhas, e estamos dispostos a

---

Suas atitudes e tom de voz são importantes

Durante o tempo de ministração em um seminário realizado em La Paz, um jovem pediu ministração. O "ministro" lhe falou tão duro que soava como se o jovem estivesse sendo interrogado.

Ao investigar, descobri que o ministro era, na realidade, um ex-policial.

Atividade

Pergunte a algum colega qual é a impressão que você transmite com seu tom de voz e linguagem corporal.

receber ministração. Precisamos também buscar e aprender mais dos outros, por meio da leitura e do ouvir. Sempre há algo mais para aprender. Continue relendo este livro.

3. **Ore por compaixão**
   Jesus disse algumas palavras fortes de julgamento aos fariseus e mestres da lei. Mas sua atitude para com todos aqueles que buscavam sua ajuda foi bastante diferente. Ele era compassivo. Colossenses 3.12 diz: "[...] revistam-se de profunda compaixão, bondade, mansidão, e paciência". A verdadeira compaixão se manifesta. Romanos 12.15 conclama: "Alegrem-se com os que se alegram; chorem com os que choram".

4. **Aprenda a escutar**
   "[...] Sejam todos tardios para ouvir, tardios para falar e tardios para irar-se" (Tiago 1.19). Nosso trabalho não é impressionar com nosso conhecimento sobre a Escritura ou com nossas anedotas e experiências. Devemos escutar as pessoas e a direção do Espírito Santo.

5. **Peça discernimento**
   Leia Hebreus 5.14 e 1Coríntios 12.8-10. O discernimento pode ser natural ou sobrenatural. Ambos são valiosos. O natural vem da experiência e da formulação de perguntas. O sobrenatural é um dom espiritual. As manifestações são discernimentos naturais, desenvolvimento ou palavras específicas de ciência. Estas ocorrem quando Deus nos mostra algo que, do contrário, não seríamos capazes de saber.

6. **Busque sabedoria**
   Necessitamos de sabedoria para saber como e quando compartilhar a palavra de ciência. Esse dom se falsifica ou mistura-se facilmente com pensamentos humanos. É por isso que é bom ter uma "conversa" com algum líder cristão antes de tornar público o que se quer dizer perante a congregação ou pessoa em questão. Ninguém é infalível. É melhor dizer: "É possível que", em vez de dizer, "Assim disse o Senhor".

7. **Busque o poder do Espírito Santo**
   Os discípulos conheciam Jesus e o seguiam. Eles realizaram milagres durante a comissão dos Setenta. Contudo, careciam de poder e de coragem, até que o Espírito Santo se derramou sobre eles no Pentecoste. Jesus sempre permanecia em contato com o Pai. Aos seus 12 anos, impressionou todos com sua sabedoria no templo. Mas seu ministério começou em toda a sua grandeza somente depois de ser batizado e do Espírito Santo descer como pomba sobre ele. O mesmo acontece conosco (Atos 1.8). Necessitamos do poder do Espírito Santo para ministrar como suas testemunhas. Efésios 5.18 lembra de mantermo-nos cheios do Espírito Santo.
8. **Busque a unção completa**
   A unção do Espírito Santo é quando o percebemos mais intensamente do que de costume. Pode vir por meio do estudo da Bíblia, da fé ou do louvor. É concedida durante um período particular de ministério ou obra de Deus. Essa unção pode ser experimentada de muitas maneiras. Alguns ministros experimentam uma sensação física, enquanto outros não sentem nada, apesar de haver evidência de que houve um trabalho especial da parte do Espírito Santo.
9. **Conheça e exercite sua autoridade em Cristo Jesus**
   Autoridade é a confiança que vem de saber quem somos e o que nos está confiado. Nesse ministério, autoridade quer dizer que os demônios devem obedecer às ordens que damos em nome de Jesus (Mateus 28.18; Lucas 10.19). Pais, professores ou policiais com autoridade permanecem tranquilos e falam com uma firmeza serena, porque sabem que devem ser obedecidos. Gritar não é necessário. É um sinal de fraqueza, e não de força. A habilidade de exercer a autoridade que temos em virtude de nossa posição em Cristo aumentará com a experiência.
10. **Aceite observações**
    Jesus foi criticado constantemente pelos líderes religiosos. E nos advertiu sobre a rejeição e resistência ao realizar o trabalho para Deus. Entretanto, devemos sempre estar abertos às

observações e dispostos a escutar críticas. Se tivermos atitude de um servo, podemos colher as observações e críticas e pedir a Deus que nos mostre qualquer verdade que devamos levar ao coração. Leia Filipenses 2.5-11.

11. **Ore por perseverança e resistência física, emocional e espiritual**
Contudo, também devemos saber quando descansar, a fim de prevenir que não "nos queimemos".

O que é necessário para que alguém possa compartilhar seus problemas

Da mesma forma que a pele protege o corpo, Deus nos proporcionou uma barreira protetora para nossa alma. Isso é o que nos previne de compartilhar nossa vida e problemas íntimos com qualquer pessoa. Antes que as pessoas se abram e compartilhem seus problemas com você, elas necessitam ter confiança e sentir-se seguras. Essa confiança é o produto de seu caráter. À medida que você vai adquire as qualidades já vistas de um ministro, e enquanto Deus usa você, a palavra se expandirá, e as pessoas virão até você com confiança para desnudar sua alma.

Segurança e confiança

Trata-se de aspectos práticos. Uma pessoa se sentirá segura quando começar a mandar sinais de que realmente está preocupada com ela, seja pelas necessidades práticas, seja pelas qualidades espirituais dela.

Compromisso

As pessoas necessitam saber que você está comprometido em ajudar-lhes. Então, combinem sobre quantas vezes vocês deverão se ver ou comunicar-se.

Confidencialidade

Ninguém desejará compartilhar algo se você não for confiável. Se você tem uma política de compartilhar com sua esposa ou outro líder espiritual, deverá discutir isso primeiramente com a pessoa. A confiança deve partir de ambas as partes. Se uma pessoa começa a discutir seus conselhos ou a ministração, antes de haver se libertado, ou estar firmemente estabelecida nos novos padrões e atitudes, poderá dar lugar à crítica destrutiva e à confusão.

Transparência e segurança

Independentemente das regras de confidencialidade, ainda necessita ser transparente. Isso significa estar pronto e disposto a explicar suas práticas ministeriais e princípios. Também deve dar um passo radical diante do risco da tentação sexual, evitando sessões individuais entre homem e mulher com a porta fechada.

Ordem

É melhor ministrar em um grupo com um líder estabelecido. A equipe deverá orar unânime antes que chegue a pessoa. Caso se juntem em sua casa e você tem filhos, deverá estabelecer um balanço entre a curiosidade natural e os medos de seus filhos e a necessidade de concentração durante o tempo de ministração.

> **ADVERTÊNCIA**
>
> Muitos pastores tiveram que renunciar em virtude de pecados sexuais com as pessoas a quem estavam ajudando.
>
> Também uma mulher maliciosa poderia acusar indevidamente um pastor inocente.
>
> Os homens somente deverão ministrar a mulheres na presença de outra mulher.

Comodidade

É importante sentar-se. Pode resultar menos desafiante se o líder se senta em frente da outra pessoa. A ideia é acolhê-la o melhor possível.

Ofereça algo quente para beber. Isso ajudará a pessoa a relaxar. Um copo de água também é bom.

Ferimentos

Tenha alguns paninhos e azeite preparado. Obtenha as cópias necessárias deste livro e também cópias da lista e dos questionários da seção 4, de que você poderá necessitar.

2. PROBLEMAS E CAUSAS

Ministrando abaixo da superfície

Jesus Cristo nos prometeu vida em abundância. Ele não nos prometeu uma vida sem problemas, mas, sim, que experimentaríamos sua alegria e bênção em toda circunstância. Neste capítulo, explicaremos a diferença entre sintomas, problemas e causas e veremos por que necessitamos ministrar à causa, com a finalidade de experimentar a plenitude de tal promessa.

Sintomas

Os sintomas podem ser vistos por qualquer pessoa. São sinais públicos óbvios de um problema. Se um casamento fracassa e o casal se separa, todo mundo notará. Se roubamos e vamos para a prisão, nosso vizinho perceberá. As pessoas acham fácil falar de seus sintomas, porque são públicos. Mas, para ter uma mudança e poder ajudar alguém, uma vez que reconhecemos os sintomas, devemos ir mais adiante.

> Podemos arrancar as flores, ou a planta, mas, se não arrancarmos as raízes, a planta continuará crescendo.

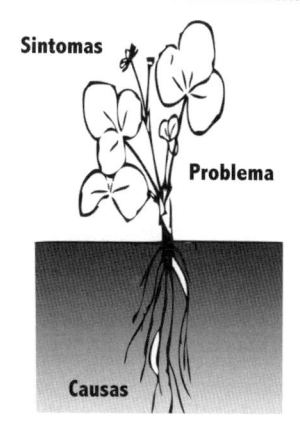

Problemas

O problema é o que causa os sintomas. Mas geralmente trata-se de algo que vai além de nosso controle direto. Não podemos controlar as decisões feitas por nosso cônjuge. Não podemos mudar a lei que proíbe o roubo. Pode ser de ajuda que entendamos o problema, mas isso por si só não trará nenhuma mudança.

Causas

A causa é a parte em que podemos influenciar por meio do nosso comportamento, ou com o que podemos tratar na ministração. As causas podem ser os pecados, as feridas ou os demônios.

Nos exemplos anteriores, as causas são atitudes de pecado. Podemos escolher responder com amor e perdão, ou com raiva e amargura, nas relações. Podemos decidir submeter-nos, em vez de rebelarmos contra a lei. Esses exemplos mostram que os motivos do coração são os que determinam como nos comportamos e as consequências para nossa vida.

Vamos aprender como tornar claro o problema e identificar as causas.

Resumo

- Os **sintomas** são as **evidências visíveis** ou frutos do problema.
- As **causas** são os **fatores** sobre os quais podemos agir e que **impedem a cura e a mudança**.
- A não ser que encontremos as causas e tratemos com elas, os problemas irão continuar repetindo-se.

Preparando a cena

Uma vez que deixemos a pessoa sentir-se confortável, de maneiras práticas indicadas no capítulo anterior, é tempo de começar.

- Agora, brevemente, pedimos proteção ao Senhor e a direção do Espírito Santo.
- Explique a forma de ministração que será utilizada.

2. Problemas e causas

- Explique que você quer saber dos sintomas dela, a fim de identificar o problema e encontrar a causa.
- Você poderá dar um exemplo da visita ao médico. Ele sempre irá perguntar onde dói, há quanto tempo etc. Se não ficar claro para o médico, ele poderá receitar um xarope para a tosse quando na realidade o paciente pode ter câncer no pulmão.
- Também você poderá usar a figura de uma planta. Qual é a fruta? Que sabor tem e como é? Isso nos ajudará a saber a classe de planta com a qual estamos tratando. Mas o objetivo é destruir as raízes.
- Consulte a pessoa, se ela está de acordo que você faça anotações confidenciais, para assegurar-se de não perder nenhum detalhe.

Perguntas que ajudam

Para começar, você pode fazer perguntas como:
- "Você quer dizer o que o está incomodando?"
- "Por que você quis falar conosco?"

Às vezes, a pessoa irá falar e falar, e pode ser difícil saber o que é que ela realmente quer dizer; ou, às vezes, pode ser que compartilhe coisas demasiadas, que seja difícil saber por onde começar. Peça então a ela que:
- "Resuma em uma sentença o que espera que Deus faça em sua vida hoje".

O sintoma não é o problema

Os mesmos sintomas podem originar-se de diferentes problemas. Pode ter uma dor de cabeça, porque está resfriado, porque não bebeu água suficiente ou porque teve um acidente de carro. A lista na seção 4 pode ajudar à pessoa explicar seus sintomas.

Quando os sintomas já estão claros, busque o problema. Isso significa chegar a um nível maior de profundidade.

> **Exemplo 1**
> Alguém descreve seus sintomas como depressão e frustração. Você escuta e percebe que o problema é um casamento desfeito.
> O Espírito Santo mostra a você que as causas são as expectativas e reações incorretas no casamento.

Identificando o problema

Você verá que a maioria dos problemas começa com:
- O **pecado** de alguém
- Uma **ferida** sem curar
- Uma necessidade **prática** insatisfeita

Então, pode formular perguntas como: "Quando começou o sintoma?" ou "Que sucedeu justamente antes que estes sintomas (problemas) começassem?". Uma vez que você sinta que identificou o problema, peça à pessoa que fale sobre isto. Enquanto falam, escute a voz do Espírito Santo, peça discernimento ao Senhor para descobrir a causa

Mais sobre as causas

A "causa" é chamada também de:
- motivo
- chave
- raiz
- obstáculo
- necessidade

Quando uma pessoa possui obstáculos ou impedimentos, o Espírito Santo não pode fluir por todo o seu ser em razão das devido às áreas nas esferas do corpo, da alma, e do espírito estarem ocupadas pelo pecado ou pelas feridas e, possivelmente, por demônios. Essas são as causas que a pessoa deverá enfrentar e tratar, a fim de experimentar a vida em abundância que Cristo já prometeu.

É importante descobrir e lidar com as causas na vida da pessoa, para que a cura e o poder de restauração de Deus possam fluir plenamente.

Lembre-se da ilustração de nossa vida como uma casa na seção 1, capítulo 1. Essas motivações são como o montão de lixo na parte de trás da casa. Enquanto o lixo permanecer aí apodrecendo, o Espírito Santo não se sentirá bem-vindo.

Exemplo 2

Um esposo comete adultério. Sua esposa está muito sofrida e mostra sintomas de dor, raiva, pesar e amargura. Ela diz: "Meu problema é o adultério de meu marido". Não obstante, esse não é realmente seu problema. Ela deverá enfrentar as seguintes causas:
- Sua necessidade de perdoar e libertar-se da raiva e amargura, porque do contrário destruirão sua vida futura.
- O que ela deve fazer com respeito a seu marido? Seguir com ele ou deixá-lo? Podem ter acontecido coisas em sua vida que contribuíram para que seu marido recorresse a outra mulher? Se for assim, como ela deve lidar com essas coisas?

Descobrindo a causa

O problema é algo que não necessitamos em nossa vida. A causa é o que deve nos preocupar. É a raiz que devemos tratar.

O ministro pode pedir ao Espírito Santo que revele se a pessoa necessita de:
1. **Uma reposta prática ou uma mudança**
2. **Arrepender-se de pecados** presentes ou passados
3. **Cura de feridas** presentes ou passadas (lembranças dolorosas)

4. **Mudar as reações incorretas** perante o pecado, ou as feridas ou as necessidades práticas
5. Receber **libertação**

Para localizar a necessidade de libertação, é bom ter em mente os possíveis pontos de entrada:
- Pecados e feridas além de certo ponto (ataduras ímpias da alma)
- Envolvimento com ocultismo, maldições ou demônios ancestrais

Pontos de entrada na área espiritual

Ocultismo / falsas religiões
Maldições
Demônios ancestrais

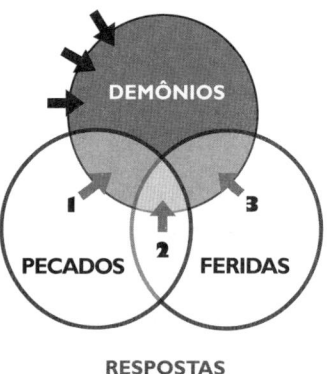

DEMÔNIOS
PECADOS FERIDAS
RESPOSTAS PRÁTICAS

Pontos de entrada naturais

1 Pecado além de certo ponto
2 Reações incorretas
3 Ataduras ímpias da alma

Resumo de causas e pontos de entrada

Exemplo 3

Uma mulher tem dores na coluna. A oração por cura não funcionou. Começou pouco tempo depois de seu divórcio. Suspeitamos que o divórcio pode ter sido o problema.

Pedimos agora que fale sobre seu divórcio. Vemos que se encontra cheia de amargura e falta de perdão de seu ex-marido. Suspeitamos que isso pode ter sido a causa.

> Ela fica consciente em seguir os passos para tratar com o pecado e as feridas, especialmente a amargura.
> Assim fazemos e logo ordenamos à dor na coluna que desapareça.
> Se a dor sai, isso confirma que a falta de perdão e a amargura eram de fato as causas que deveriam ser tratadas.

Explore as origens

Alguns sintomas, como o vazio e a solidão, podem vir de uma pessoa que não tenha Cristo em sua vida. Lembre-se que a maior necessidade de uma pessoa é receber a vida de Deus, confessando e arrependendo-se do pecado, aceitando Jesus Cristo como Salvador e tendo-o como o Senhor de sua vida.

Não obstante, a maioria dos que vêm para receber ministração, são cristãos; e o Espírito Santo está trabalhando na vida dessas pessoas, mostrando-lhes suas necessidades. Mas é bom explorar. Você pode também perguntar: "Como você recebeu Cristo?". Há bons tratamentos que ajudam a levar uma pessoa a Cristo e é importante saber como fazê-lo. *Veja seção 4: "Sete passos para a vida cristã".*

No exemplo da caixa, vemos que o sintoma era a dor; o problema encontrava-se no estômago; a causa não se sabia; a razão foi não ter recebido Cristo; o remédio foi ajudar-lhe a abrir seu coração para Cristo, o que lhe trouxe cura.

A palavra de ciência

Enquanto estiver fazendo as perguntas normais para constatar a causa,

> **Exemplo 4**
> Uma mulher em uma reunião de mulheres nos convidou para ir a sua casa para orar por seu problema estomacal.
> Quando íamos estender as mãos para proclamar cura, Elisabeth recebeu o discernimento de que essa mulher havia estado toda a sua vida na igreja, mas nunca tinha convidado Jesus para entrar em seu coração.
> Explicamos como a mulher poderia fazer isso; e quando o fez, seu problema estomacal desapareceu.

às vezes o Espírito Santo mostrará a você o problema de maneira sobrenatural. Podemos receber um pensamento, um sentir, uma imagem ou uma palavra em nossa mente, a qual, amavelmente, podemos sugerir à pessoa no momento correto. Se a impressão é de Deus, será confirmada, o que acelerará a ministração.

Jesus foi capaz de dizer à mulher samaritana no poço que ela havia tido cinco esposos e que estava agora vivendo com outro homem. Muitos samaritanos dessa cidade creram nele, por causa do testemunho daquela mulher: "[...] me disse tudo que tenho feito [...]" (João 4.29).

Estudo de caso

Enquanto ministrávamos a uma mulher que chegou perto de nós em Oxford, um membro de nossa equipe, que não sabia nada sobre a mulher, recebeu palavra de ciência e lhe disse: "O seu esposo é motorista de um caminhão?". Ela respondeu: "Não, mas meu primeiro esposo era, e nunca o perdoarei!". Ele a havia empurrado pela escada quando estava grávida.

Isto mostrou o problema da raiva, da amargura e da falta de perdão. A causa ou a necessidade era que ela devia receber cura em suas feridas emocionais e lidar com seus pecados de falta de perdão e amargura, que eram suas reações incorretas.

À medida que ministrávamos para tratar com a falta de perdão e amargura, essas emoções manifestaram-se vividamente em seu rosto. Um demônio de amargura abandonou-a por meio de um forte grito, do qual ela não estava consciente.

Então, vimos que demônios haviam também entrado como resultado de suas reações incorretas, acrescentando a falta de perdão e amargura.

Expulsos os demônios, sua face mudou. No dia seguinte, recebemos um telefonema de uma de suas amigas, que nos informou a diferença que ela pôde ver na face daquela mulher.

3. ESCOLHENDO O REMÉDIO

**Como saber que passos devem ser dados
para ministrar em certa situação**

Jesus era Mestre na hora de aplicar o remédio adequado. Lemos em Lucas 4.40 que ele curava todos aqueles que vinham ao encontro dele, mas também que dava respostas surpreendentes que desviavam a atenção dos problemas óbvios. No capítulo anterior, aprendemos como deixar de lado os sintomas e nos dirigirmos à verdadeira causa. Agora, aprenderemos como escolher a forma ou o remédio de ministração mais adequados para eles. Isso vai depender, de serem situações naturais sem demônios, situações naturais que envolvem demônios ou situações espirituais que envolvem demônios.

Situações naturais sem demônios

1. **O pecado de alguém**
   Pode ser o pecado da pessoa que busca ajuda ou de alguém mais que a tenha ferido física ou emocionalmente. Não condenamos as pessoas que não recebem cura, dizendo-lhes que devem estar ocultando algum pecado. Devemos ajudar-lhes para ver onde necessitam alinhar suas ações e escolhas com a vontade de Deus.
2. **Uma ferida sem curar**
   Se você quebrar os joelhos, não pode caminhar até que se cure. Se não se cura devidamente, pode chegar a ficar até mesmo deficiente pelo resto da vida. O mesmo sucede com as feridas emocionais. Se não se curam de maneira apropriada, a pessoa terá problemas emocionais contínuos. O ministro pode conduzir a pessoa a Jesus e pedir a ele que cure essas feridas emocionais, seguindo os passos que correspondem à cura das feridas.

3. **Uma necessidade prática**
   Às vezes, alguém necessita de ajuda para encontrar um emprego, ou de ânimo para participar de um curso de treinamento. Uma pessoa solteira e solitária pode necessitar de conselho sobre sua vida afetiva, como também sobre de que forma tornar-se mais atrativa para o companheiro potencial (usar perfume, cortar os cabelos etc.)

Situações naturais que envolvem demônios

Se o pecado e as feridas fizeram que se abrissem janelas ou pontos de entrada para os demônios, então, você está diante de um problema natural, com uma dimensão demoníaca adicional. Significa que deverá lidar com as causas naturais e também com as causas demoníacas.

Situações espirituais que envolvem demônios

As situações espirituais abrangem casos como os de envolvimento com ocultismo, no qual os demônios são diretamente invocados.

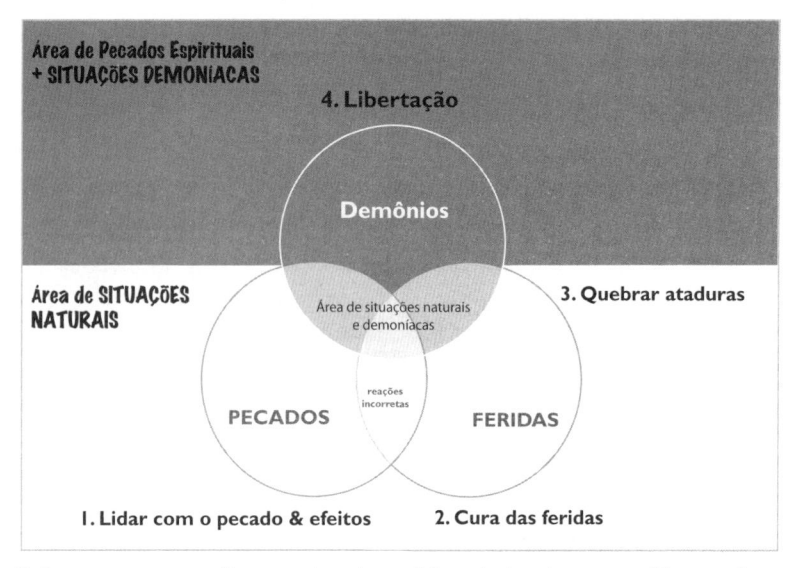

Área de Pecados Espirituais + SITUAÇÕES DEMONÍACAS

4. Libertação

Demônios

Área de SITUAÇÕES NATURAIS

Área de situações naturais e demoníacas

3. Quebrar ataduras

PECADOS — reações incorretas — **FERIDAS**

1. Lidar com o pecado & efeitos   **2. Cura das feridas**

O diagrama mostra os diferentes tipos de remédios relacionados com as diferentes áreas de problemas ou causas. Existem três áreas ou esferas nas quais encontramos as causas.

- A metade inferior do diagrama corresponde à área "Situações Naturais" (branco). É a área que contém os pecados e as feridas que tratamos na seção 1. Isso inclui a sobreposição de pecados e feridas, onde se encontram as reações incorretas.
- No diagrama, podemos notar que os círculos que representam os pecados e as feridas podem se sobrepor aos demônios — corresponde à área "Causas Naturais + As demoníacas" (cinza-claro) — já explicada na seção 2, capítulo 4.
- Alguns demônios entram na raiz do pecado ou de causas espirituais — essa é a área dos "Pecados Espirituais + Causas Demoníacas" (cinza-escuro) — que já cobrimos na seção 2, capítulo 5.

Resumo de situações e remédios neste livro

SITUAÇÕES NATURAIS	REMÉDIO	
	Seção	Capítulo
Pecados da carne	1/2	3/4
Feridas e reações perante as feridas	1/3,4	3/4
Abuso sexual leve	Como o anterior	
Lembranças dolorosas	1/3,4	3/4
Padrões de comportamento	1/6	3/4
Ataduras ímpias da alma	1/5	3/4
Problemas físicos	1/2, 3,5	3/4
Não ser cheio do Espírito	3/6	
Problemas mentais	Revisar pecados e feridas; orar no amor de Deus; possibilidade de um tratamento médico	
SITUAÇÕES NATURAIS + DEMONÍACAS		
Pecados e feridas além de certo ponto; ataduras ímpias da alma, dominação, impurezas, enfermidades com elementos demoníacos	Igual como o anterior para causas naturais + 2/4; 3/5,7,8	

SITUAÇÕES ESPIRITUAIS + DEMONÍACAS	REMÉDIO
Ocultismo, ancestrais, religiões, experiências espirituais, enfermidades com elementos demoníacos	Como o anterior para as causas naturais + 2/5; 3/6,7,8
Abuso sexual severo	3/9

Importante: Explique o remédio que pretende e adquira o consentimento das outras pessoas antes de proceder.

Examinando os Capítulos 4—8

Os próximos três capítulos são:
4. Passos para ministrar: Situações naturais sem demônios
5. Passos para ministrar: Situações naturais que envolvem demônios
6. Passos para ministrar: Situações espirituais que envolvem demônios

Os capítulos 7 e 8 contêm instruções práticas para realizar a ministração individual, como também em grupo.

Por que seguir os passos de ministração?

A Bíblia estabelece claramente que levamos a responsabilidade sobre os efeitos de nossas decisões e ações. Também ilustra de diversas maneiras a imagem do Pai celestial e amoroso que é Deus, cujo desejo é curar-nos, limpar-nos e restaurar-nos. Mas devemos apresentar-nos diante dele com fé e pedir-lhe que intervenha. Muitos disseram que é de grande ajuda ter um guia de oração, e temos desenvolvido essas orações para ajudar as pessoas e grupos a lidar com as situações que abrangemos neste livro.

Como usar estes passos de ministração

O Espírito Santo vai soprar vida nestas palavras, se vêm realmente do coração. O ministro deve explicar a oração, para ver se a pessoa está de acordo, antes de pedir-lhe que ore. Ele deverá segmentar as orações em frases, nas quais se requer respostas ou repetições; e a leitura deve ser lenta, para que a pessoa possa pensar sobre o que está dizendo.

O que vem primeiro: o estudo ou a ministração?

Recomendamos estudar todo o livro antes de aplicar os passos de ministração. No entanto, enquanto estiver ensinando em grupos, terá que inevitavelmente fazer ministração, antes de abranger todo o material. Uma vez que as pessoas experimentem a ministração, estarão mais dispostas e aprenderão mais rápido.

• Os passos de ministração contidos na seção 1 são apropriados para que cada pessoa os empregue à medida que trabalha.

• Aqui na seção 3, apresentamos os mesmos passos de ministração e outros mais, em um formato adequado, para ministros que trabalham com indivíduos ou grupos.

• Os passos de ministração nos capítulos 5 e 6 deverão ser empregados depois que se tenha estudado toda a seção 2 e os capítulos 7 e 8.

4. PASSOS DE MINISTRAÇÃO: SITUAÇÕES NATURAIS SEM DEMÔNIOS

Os pecados da carne e as feridas

O QUE PODEMOS FAZER COM UM PECADO DA CARNE

Passo 1: Confessar o pecado.
Passo 2: Arrepender-se, perdoar aos outros e entregar o pecado à cruz de Jesus Cristo.
Passo 3: Pedir e aceitar perdão.
Passo 4: Fazer restituição quando seja necessário.
Passo 5: Aprender a resistir.

A primeira caixa dentro dos "Passos de cura interior e de libertação".

1. Confissão

O ministro diz: "Por favor, repitam esta oração depois de mim: '*Senhor Jesus, te agradeço por morreres na cruz por mim para ser meu Salvador. Agora quero confessar-te qualquer pecado que esteja interposto entre nós*' ".

O ministro diz "Tomemos alguns minutos para confessar perante Deus qualquer pecado não confessado. Se necessitar confessar a mais alguém, faça agora ou depois. Também pode escrever o pecado em um papel que logo levaremos à cruz". PAUSA PARA ESCREVER.

2a. Arrependimento

O ministro diz: "Por favor, repitam esta oração depois de mim: '*Senhor Jesus, perdoa-me pelos pecados cometidos. Quero retratar--me deles e deixá-los. Ajuda-me, por favor. Amém*' ".

2b. Perdoar a outros

"O ministro relembra a pessoa da importância de perdoar aos outros. Por exemplo: aos pais, cônjuges, crianças, professores, vizinhos, outros cristãos, políticos, a si mesmo etc. O ministro diz: " 'Espírito Santo, o convidamos para que, por favor, nos mostres a quem devemos perdoar'. Permaneçamos em silêncio por cinco minutos. Qualquer imagem ou nome de pessoa que surja, significa que devemos perdoá-la".

Liberando o perdão

O ministro diz: "Aperte um lápis em sua mão, representando a pessoa que você necessita perdoar. PAUSA. A tendência natural é querer vingança e ferir a pessoa, pelo que apertamos o lápis fortemente. Mas Deus quer que abramos a mão e a deixemos livre. Quando estiver pronto, pode repetir a oração depois de mim, perdoando a pessoa; logo abra sua mão e deixe o lápis como sinal de que você libertou". PAUSA.

O ministro diz: "Agora nos uniremos em uma oração, para perdoar àqueles que Deus nos mostrou hoje. Se você está pronto, repita depois de mim: *'Deus Pai, tu estás disposto a perdoar-me por meio de Cristo Jesus, mesmo que eu não mereça ser perdoado; da mesma maneira, perdoo àquelas pessoas que pecaram contra mim. Agora abro minha mão e as libero. Por favor, abençoa-as hoje. Por favor, dá-lhes tudo o que necessitem, especialmente conhecer Jesus Cristo como Salvador e Senhor'* ".

> **Ministro**
> Você pode ter uma caixa para colocar os papéis desde o passo 1. Depois, podem-se rasgar ou queimar os papéis e declarar o perdão de acordo com a promessa de 1João 1.9.

2c. Levar o pecado à cruz de Jesus Cristo

O ministro diz: "Por favor, repitam esta oração depois de mim: *'Senhor Jesus, trago meus pecados e os ponho na caixa localizada ao pé da cruz. Obrigado por sofreres o castigo dos meus pecados'* ".

Alternativamente, você poderá usar o exercício simbólico do livro nas mãos, mencionado na seção 1, capítulo 2.

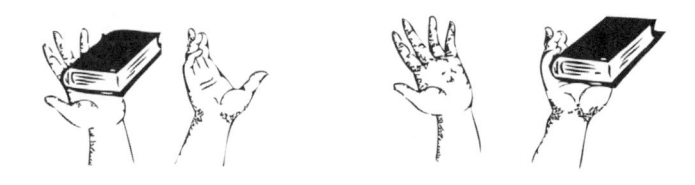

3. Pedir e aceitar perdão

O ministro diz: "Por favor, repitam esta oração depois de mim: *'Eu te peço, por favor, que me perdoes, apesar de não merecer teu perdão. Obrigado, Senhor Jesus, por teu sacrifício na cruz do Calvário. Obrigado por me perdoares. Aceito tua promessa de 1João 1.9, de que se, confessarmos os nossos pecados, és fiel e justo para perdoar-nos'"*.

4. Restituição

O ministro explica sobre a restituição. Logo diz: "Repitam esta oração depois de mim: *'Por favor, mostra-me o que posso fazer para consertar as coisas com qualquer pessoa que eu tenha ferido por meio do pecado'"*.

5. Aprender a resistir

O ministro diz: "Por favor, repitam esta oração depois de mim: *'Senhor Jesus, quero que sejas o Senhor de cada parte da minha vida — mente, emoções, vontade, corpo, tempo, bens, relacionamentos, meu trabalho ou falta dele, meu futuro e meu passado; tudo o que sou. Por favor, enche-me com teu Espírito Santo e ajuda-me a superar a tentação com tua força"*.

Feridas

O QUE PODEMOS FAZER COM AS FERIDAS E AS REAÇÕES INCORRETAS A ELAS

Passo 1: Reconhecer a ferida.
Passo 2: Entregar a ferida a Jesus Cristo na cruz.
Passo 3: Perdoar àqueles que causaram tal ferida.
Passo 4: Entregar as reações incorretas a Jesus Cristo na cruz.
Passo 5: Pedir e aceitar perdão pelas reações incorretas.

O anterior é a segunda caixa, nos "Passos de cura interior e libertação".

1. Reconhecer a ferida

O ministro diz: "Repitam depois de mim: *'Admito que estou ferido pelo que (nome) me fez'*".

2. Entregar a ferida a Jesus Cristo na cruz

O ministro poder ler em voz alta Isaías 53.5 e 61.1, 2,3, e logo dizer: "Esses versículos mostram que Jesus quer curar nossas feridas. Imagine-se carregando uma mochila nas costas. Está pesada por toda dor e ferida que está carregando dentro dela. Imagine agora uma caixa no pé da cruz. Você pode pôr todas as suas feridas e dores dentro dessa caixa. Pode tirar a mochila e colocá-la dentro da caixa e deixá-la ali". SILÊNCIO.

O ministro diz: " *'Por favor, vem com teu Espírito Santo e cura as feridas e dores'. Se você pode sentir a dor em seu coração, ponha sua mão ali e peça a Deus que atue sobre a dor"*.

(Ou use a ilustração do "livro nas mãos", na página 112, mas desta vez, o livro representa as feridas que levamos.) SILÊNCIO.

3. Perdoar àqueles que causaram tal ferida.

O ministro diz: *"Pegue um lápis e aperte-o com a mão, para representar a pessoa ou as pessoas que necessita perdoar"* PAUSA

"*A tendência natural é querer vingança e também ferir a pessoa; então apertamos fortemente o lápis. Mas Deus quer que abramos a mão e a deixemos livre. Quando você estiver pronto, pode repetir uma oração depois de mim, perdoando a pessoa; e logo abra a mão e deixe o lápis como sinal de que a deixou livre".*

O ministro diz: "Repitam depois de mim: *'Deus Pai, tu estás disposto a perdoar-me por meio de Cristo Jesus, mesmo que eu não mereça ser perdoado. Da mesma maneira, perdoo àquelas pessoas que pecaram contra mim. Eu agora abro minha mão e as libero. Por favor, abençoe-as hoje, que possam chegar a conhecer Jesus Cristo como Salvador e Senhor. Se me ferem baseando-se em sua ferida, por favor, traz cura para a vida delas'* ".

4 e 5. Entregar as reações incorretas a Jesus Cristo na cruz
Pedir e aceitar perdão pelas reações incorretas

Você pode usar as ilustrações das mãos, da página 112, com o livro representando, dessa vez, as reações incorretas.

O ministro diz: "Digam depois de mim: *'Trago a ti minhas reações incorretas perante a ferida (nome das reações incorretas). Obrigado, Senhor Jesus, por teu sacrifício na cruz do Calvário. Peço-te que me perdoes. Aceito tua promessa de 1João 1.9, de que, se confessarmos nossos pecados, tu és fiel e justo para perdoar nossos pecados. Obrigado por perdoar-me'*".

Possíveis passos extras

Se os passos previstos não foram suficientes para lidar com os efeitos dos pecados e das feridas, pode ser que necessitemos repeti--los, ou tomar passos maiores.

> Passo 6: Obter cura das lembranças dolorosas.
> Passo 7: Quebrar ataduras ímpias da alma.
> Passo 8: Receber libertação.
> Passo 9: Receber cura física.
> Passo 10: Mudar os padrões dos pensamentos e das atitudes.

Esta a terceira caixa dos "Passos de cura interior e de libertação."

6. Cura das lembranças dolorosas

a. A pessoa deverá estar sentada confortavelmente.
b. Para que seja somente o Espírito Santo que traga de volta as recordações, proíba a entrada de qualquer demônio na mente da pessoa. Fale calmamente e sem pressa.
c. Peça que a pessoa repita a seguinte frase: *"Por favor, Espírito Santo, leva-me ao momento que requeira cura"*.
d. Depois de um tempo, pergunte à pessoa, em tom suave: "O que você vê?". (Se a pessoa somente vê escuridão, consulte a nota abaixo sobre obstáculos.) "Onde você está?" Exemplo: em um quarto quando ela era criança. "O que está sucedendo?" Peça-lhe que mantenha os olhos fechados e que responda em tempo presente, não no passado.
e. Pergunte: "O que você sente?". Encoraje-a a expressar seus sentimentos ou pensamentos negativos sobre o incidente relacionado com outros ou com ela mesma. Exemplo: "Não valho nada!". Pode ser que chore ou manifeste uma raiva que estava submergida.
f. Quando os sentimentos forem libertados, guie a pessoa a dizer: *"Por favor, Senhor Jesus, mostra-te nesta imagem"*. Dê tempo suficiente para que o Espírito Santo trabalhe. Logo pergunte: "O que você vê?".
g. Quando a pessoa conseguir ver o Espírito Santo, pergunte-lhe suavemente: "O que Jesus Cristo está fazendo ou dizendo?".

Por exemplo, ele pode estar protegendo a pessoa ou tomando-a em seus braços. Entretanto, não interfira com suas sugestões ou sua imaginação sobre o que Deus estaria fazendo na situação.

h. Pergunte: "O que você está sentindo?" A resposta pode ser, por exemplo: *"Sinto-me muito bem"* ou *"Tenho paz"*.
i. Pergunte: "Você pode agora perdoar a(s) pessoa(s)?". Se for assim, faça que a pessoa declare perdão. Se a pessoa que necessita ser perdoada está morta, então a pessoa que está recebendo a ministração pode dizer a Jesus que ela está perdoando a falecida. Se não pode perdoar, então é possível que a ferida não esteja curada e que necessite mais tempo, ou haja um demônio de falta de perdão que precisa ser expulso primeiramente. Isso é explicado nos capítulos sobre demônios das seções 2 e 3.
j. Pergunte: "Você pode agora pensar nesse incidente sem medo, feridas, raiva, dor ou pensamentos negativos sobre si mesmo?" Se não for assim, repita desde o passo C.
k. Se as feridas foram muito profundas, a pessoa pode necessitar libertação de qualquer demônio que tenha entrado por meio delas; por exemplo: rejeição, amargura etc. Veja a seção 2 e o próximo capítulo 5.
l. Peça ao Espírito Santo que leve a pessoa de volta até a outra lembrança que necessite ser curada. Repita o processo.
m. Conclusão, guie a pessoa a pedir a Deus para ser cheia do Espírito Santo, enquanto entrega sua vida novamente a Ele (Romanos 12.1,2). A pessoa pode dizer: *"Senhor Jesus, quero que sejas o Senhor de cada parte da minha vida — mente, emoções, vontade, corpo, tempo, bens, relacionamentos, meu trabalho ou falta dele, meu futuro e meu passado; de tudo o que sou. Por favor, enche-me com teu Espírito Santo"*.
n. Você pode ungir a pessoa com azeite e pôr suavemente suas mãos na cabeça dela. Em algumas ocasiões, uma pessoa pode experimentar uma cura maior ou igual a uma libertação de dor,

à medida que o Espírito Santo toca essa pessoa; ou chega a ter muita alegria e paz; ou pode ter uma reação de algum demônio diante do poder do Espírito Santo.

o. Se a pessoa cair no chão, ajoelhe-se junto dela e pergunte-lhe o que ela está experimentando. Se há algo pesado ou movimento na área do estômago, pode ser um demônio manifestando-se, e deverá ser expulso. Veja as seções 2 e 3 sobre libertação. Se ela está experimentando paz ou alegria, deixe-a ali, para que o Espírito Santo faça o trabalho.

Notas a respeito das obstruções

Se a pessoa somente vê escuridão por muito tempo, deve ser porque busca visualizar os acontecimentos. Mas também pode estar indicando que um demônio esteja bloqueando o processo de cura. Pode ser que você precise fazer libertação antes de continuar com os passos de cura das lembranças dolorosas. Veja os capítulos 5 e 7, sobre ministrar libertação, nesta seção.

De forma similar, quando se está fazendo libertação, as feridas não curadas podem facilitar um ponto de apoio que impede a expulsão de um demônio. Talvez seja necessário parar e proceder à cura da ferida antes de seguir com os passos de libertação.

7. Quebrar as ataduras ímpias da alma

O ministro diz: "Você pode imaginar que a outra pessoa e você se encontram atados com cordas? Se for sim, então diga: *'Senhor Jesus, peço perdão por haver formado estas ataduras ímpias da alma por meio do pecado (ou haver permitido que esta pessoa me dominasse e abusasse de mim). Eu perdoo e libero (nome). Por favor, vem com tua espada ou tua tesoura grande e corte essas cordas que me atam a (nome). Quero ser livre para poder ser eu mesma e ser a pessoa que tu queres que eu seja'*".

O ministro diz: "Também te peço, Senhor Jesus, que venhas e cortes aquelas cordas que estão atando (nome) e (nome)".
O ministro pergunta: "Onde estão as cordas agora?". Se não estão no chão, dê mais tempo. Repita isso com cada pessoa que tenha formado ataduras ímpias da alma.

8. Receber libertação

A libertação não deve ser necessária para situações naturais sem demônios. Onde as ataduras ímpias da alma, os pecados ou feridas tenham sido pontos de entrada para os demônios, devem-se utilizar os passos assinalados mais adiante, no capítulo 5.

9. Receber cura física

Quando a enfermidade não se curou, por causa de obstruções causadas pelos efeitos do pecado ou feridas (por exemplo, a falta de perdão), uma vez que tenham sido tratadas tais obstruções podemos ministrar o poder de Deus para curar. Como em Tiago 5.14-16, isso pode ser feito por meio da unção com azeite. Também podemos colocar as mãos sobre a pessoa enferma, para permitir que o poder de Deus atue sobre ela (Lucas 4.40; Marcos 16.18).
Veja a seção 4, "Ministrando cura física".

10. Mudar os padrões dos pensamentos e as atitudes

O ministro deverá explicar o seguinte: "Devemos mudar nossa maneira de pensar pela maneira de pensar de Deus, que sucessivamente transformará nosso comportamento (Romanos 12.2). Filipenses 4.8 diz: 'tudo que for amável [...] pensem nessas coisas'. Devemos tirar da mente o capacete antigo que nos diz: 'Ninguém me ama' e substituí-lo pelo capacete novo que diz: 'Jesus Cristo me ama; e verdadeiramente há pessoas que me amam ou querem amar-me também' ".

Pode ser que devamos tornar-nos menos vulneráveis às feridas ou ofensas produzidas pelo que as pessoas nos dizem ou fazem. Necessitamos tornar-nos mais "resistentes" e ser menos orgulhosos e mais conscientes de nossas falhas. Quem sabe devamos quebrar, por exemplo, o padrão de estimular a rejeição.

Podemos ler versículos da Bíblia como em Salmos 103 e João 3.16, que enfatizam o amor de Deus por nós e que não nos rejeita. Hebreus 13.6 diz: "[...] não temerei. O que me podem fazer os homens?" Efésios 1.4 destaca o fato de que fui eleito por Deus para estar dentro de sua família, desde que ele criou o mundo; portanto, sou valioso para ele. Não necessito rejeitar-me ou odiar-me; somente odiar e rejeitar meu pecado e receber a limpeza por meio do sangue de Cristo Jesus. Em Romanos 12.3, lemos que devemos ter uma autoestima correta sobre nós mesmos, da forma que Deus nos vê.

Uma oração: *"Deus Pai, perdoa-me por ter um mau conceito de mim mesmo. Ajuda-me aceitar teu amor. Obrigado, porque, quando recebi Jesus Cristo como meu Salvador e Senhor, tornei-me parte a tua família. Ajuda-me a pensar e falar de forma positiva. Amém".*

5. PASSOS DE MINISTRAÇÃO: SITUAÇÕES NATURAIS QUE ENVOLVEM DEMÔNIOS

Pecados, feridas, ataduras ímpias da alma, dominação, impurezas e enfermidades

No capítulo anterior, lidamos com as situações que vêm do pecado e das feridas, que não são afetadas por demônios. Agora vamos lidar com as causas, em situações em que houve janelas abertas que permitiram a entrada de demônios.

Aprendemos na seção 2 sobre os demônios: o que são, o que fazem, de que maneira podem entrar em nossa vida e como podemos nos preparar para expulsá-los. Agora vamos, por meio de alguns passos, expulsá-los.

ADVERTÊNCIA: Da mesma maneira que devemos estudar as instruções do fabricante, antes de utilizar uma nova ferramenta poderosa, é importante estudar os capítulos 5 a 8 antes de aplicá-los para ministrar.

Passos preliminares

O ministro diz: "Nós te agradecemos Deus, porque Jesus Cristo conquistou Satanás por intermédio da cruz e já venceu o poder das trevas e todo demônio. Obrigado porque Cristo está governando no céu. Convidamos o Espírito Santo para que nos encha, nos conceda poder e nos guie".

O ministro diz: "Cobrimo-nos e cobrimos também nossos entes queridos e todos neste lugar com o sangue de Cristo Jesus".

O ministro diz: "Em nome de Jesus, atamos o demônio de Jezabel, da morte e do Hades; e o anticristo e seus demônios que lideram sobre a área, a cidade (ou povo) e sobre este edifício. Ordenamos-lhes que deixem estas pessoas livres".

1. Passos para a libertação de:

1a. Demônio de falta de perdão

Se a pessoa ainda é incapaz de perdoar, depois de haver seguido os passos de cura das feridas naturais nos capítulos anteriores, então podemos continuar com os próximos quatro passos, para ser liberada da falta de perdão, a qual pode ser natural, mas alargada por um demônio. É importante lidar antes com a falta de perdão, caso contrário ficará difícil expulsar outros demônios.

Aplicamos a autoridade que Cristo Jesus nos conferiu como seus discípulos; empregamos o seu nome e o poder do seu sangue.

A pessoa diz cada passo antes do ministro:
Passo 1. *"Confesso ter essa falta de perdão. Eu quero ser livre disso".*
Passo 2. *"Submeto a falta de perdão ao sangue de Jesus Cristo".*
Passo 3a. *"Em nome de Jesus, eu ordeno que se vá agora".*
Passo 3b. **Somente o ministro diz:** "Em nome de Jesus, eu me uno a (nome) e ordeno a toda falta de perdão que saia e se dirija para onde Jesus Cristo queira que vá".
Passo 4a. A pessoa continua dizendo com convicção: *"O sangue de Jesus Cristo me faz livre".*
Passo 4b. O ministro ordena ao demônio que se vá, enquanto olha nos olhos da pessoa.

> É importante repetir por um momento: "O sangue de Jesus Cristo me faz livre". Assim, damos tempo ao demônio para que saia à superfície.

Lembrete sobre como rastrear as manifestações
Da seção 2, capítulo 6

Se o demônio começa a manifestar-se ao passar pelos quatro passos anteriores, a pessoa deve colocar a mão onde sinta a manifestação. Depois, pode correr a mão por onde a manifestação for se movendo. Geralmente, se há pressão na área do estômago, se movimentará lentamente até chegar à garganta. É bom, nesse ponto, já não falar do sangue de Cristo e começar a tossir. O demônio pode fazer que a pessoa continue tossindo. Se não for assim, ou uma vez que a manifestação parou, a pessoa deverá continuar repetindo "O sangue de Cristo me liberta", até que já não haja mais reações. Podem ocorrer diferentes manifestações. É muito importante assegurar-se de que o demônio se foi, aplicando pressão espiritual depois de acharmos que se foi. Pode-se realizar os mesmos quatro passos para o próximo demônio que se pretenda expulsar.

1b. Demônios de outros pecados

Se qualquer pecado chega a ser ainda um problema, depois de haver realizado os passos do capítulo 4 para tratar com o pecado, então continue com os quatro passos de libertação, da mesma forma que se procede na falta de perdão, chamando o pecado pelo nome. Uma vez livre de um, repita o processo para qualquer outro pecado.

2. Demônios das feridas e de nossas reações negativas, como a rejeição, ressentimento, amargura, ódio, raiva, violência

Use os quatro passos nomeando as seções ou as reações.

Nota sobre a rejeição: Com a rejeição, existem vários tipos de demônios que devem ser tratados:
1) Rejeição de outros; 2) medo da rejeição; 3) rejeição com outros; 4) autorrejeição; 5) dor de rejeição. Geralmente, há muitos demônios de rejeição que provêm de outras pessoas; cada um ingressa por meio de um evento ou uma pessoa em particular.

O trauma de um acidente pode permitir a entrada de demônios. Exemplo: O medo, a dor, a enfermidade, os quais devem ser tratados.

3. Demônios de relações sexuais fora do propósito de Deus

As vítimas de abusos sexuais deverão proceder conforme o capítulo 9 da seção 3.

a. Cortando as ataduras ímpias da alma

A pessoa repete depois do ministro: *"Perdoa-me, Senhor, por haver usado o dom do sexo de maneira incorreta"*.

O ministro diz: "Pense em uma pessoa com quem haja tido sexo fora do casamento e repita depois de mim: *'Em nome de Jesus, liberto-me de (nome) e quebro a atadura que há com ele(a) e também toda conexão física, da alma ou espiritual'* ".

O ministro acompanha a pessoa ao quebrar as ataduras da alma. Leva muito tempo libertar tais ataduras e pode trazer uma sensação física de liberdade.

b. Expulsando os demônios que ganharam terreno por meio de ataduras da impiedade

O ministro diz: "Repita depois de mim: *'Ponho debaixo do sangue de Cristo Jesus cada demônio que entrou em mim de (nome); e em nome de Jesus ordeno que saiam agora'*".

O ministro se une à pessoa, ordenando a todos os demônios que se retirem. A pessoa repete: *"O sangue de Cristo me faz livre"*. Esses passos deverão ser repetidos em relação a cada pessoa com a qual houve a prática de relações sexuais indevidas.

c. Expulsando os demônios de fornicação e do adultério

Por meio dos quatro passos, deve-se chamar o demônio de fornicação ou adultério pelo nome. Se uma pessoa teve sexo com muitas outras, obviamente tomará um tempo considerável para orar sobre cada relação.

4. Demônios de dominação e controle

Ataduras ímpias da alma formadas por meio da dominação

Exemplos: os pais sobre os filhos, pastores sobre sua congregação, um esposo sobre sua esposa.

a. Cortando as ataduras da alma

O ministro diz: "Você pode imaginar uma pessoa que o dominou? Você pode ver que há cordas que atam você a essa pessoa? Se for assim, então diga: *'Senhor Jesus, peço perdão por ter formado essas ataduras ímpias da alma, ao permitir que essa pessoa me dominasse. Eu perdoo e liberto (nome). Por favor, vem com tua espada ou tua tesoura enorme e corta essas cordas que me atam a (nome). Quero ser livre para poder ser eu mesma; e assim ser a pessoa que queres que eu seja'*".

O ministro diz: "Eu também te peço, Senhor Jesus, que venhas e cortes as cordas que estão atando-me a (nome) e (nome)".

O ministro pergunta: "Onde estão as cordas agora?". Se não estão no chão, deverá esperar mais algum tempo.

b. **Expulsando a dominação que ganhou terreno por meio das ataduras ímpias da alma**

> A pessoa repete cada passo depois do ministro:
> Passo 1. *"Perdoa-me por ter deixado me dominarem de maneira incorreta. Quero ser liberto disso. Por favor, perdoa-me. Eu perdoo (nome), que exerceu domínio sobre mim".*
> Passo 2. *"Ponho a dominação (ou Jezabel) debaixo do sangue de Cristo Jesus".*
> Passo 3a. *"Em nome de Jesus, eu ordeno que saia de mim agora".*
> Passo 3b. Somente o ministro diz: "Em nome de Jesus, eu me uno a esta(s) pessoa(s) e ordeno a toda dominação que se vá e se dirija para onde Jesus Cristo lhe ordene".
> Passo 4a. A pessoa continua repetindo com convicção: *"O sangue de Jesus Cristo me faz livre".*
> Passo 4b. O ministro ordena aos demônios que se vão, enquanto você olha nos olhos da pessoa.
> É importante repetir por algum tempo: *"O sangue de Jesus Cristo me faz livre"*, para dar tempo ao demônio de sair à superfície.
> Repetir com cada pessoa em relação à qual se formaram ataduras ímpias da alma.

5. Demônios de impureza que ganharam terreno sem ataduras ímpias da alma

Utilize os quatro passos, chamando o demônio pelo nome; por exemplo, pornografia. Esse demônio, frequentemente, se manifestará por meio de coceira nos olhos ou fazendo-os revirar.

6. PASSOS DE MINISTRAÇÃO: SITUAÇÕES ESPIRITUAIS QUE ENVOLVEM DEMÔNIOS

Ocultismo, ancestrais e espíritos religiosos

Os pecados espirituais que criam pontos de entrada para os demônios são situações que necessitam de uma atenção cuidadosa. A batalha pode chegar a ser mais intensa, mas os princípios são os mesmos.

Os objetos associados às situações devem ser destruídos (exemplo: ídolos, instrumentos de magia, símbolos do ocultismo etc.)

A pessoa necessita confessar e renunciar a causa. Se a pessoa discutir dizendo que já tratou dessas coisas quando foi salva, explique que, mesmo que a relação com Deus tenha sido restaurada, os efeitos do pecado podem estar ainda presentes; o demônio pode estar presente na casa, se nunca foi expulso ou não o desalojaram.

Passos para a libertação de demônios provenientes de:

1. Atividades do ocultismo

As listas nas seções 2 e 4 podem ser de ajuda para observar possíveis pontos de entrada.

Os quatro passos de libertação, usados no capítulo anterior, devem ser usados em cada atividade, nomeando cada um deles. A pessoa também deverá associar-se ao passo 1: *"Quebro o pacto ou acordo feito com (Satanás ou bruxo, curandeiro, adivinho, santos etc.) e renovo meu pacto com Jesus Cristo".*

A pessoa deverá também romper ataduras ímpias da alma, feitas com o bruxo ou outro praticante do ocultismo, como descrito no capítulo anterior.

Quando uma mulher visitou um bruxo ou alguém similar, a fim de obter medicina para conceber, deve passar pelos quatro passos para expulsar qualquer demônio que tenha entrado. Alguns demônios de feitiçaria se manifestam fortemente e de forma rápida. Outros requerem o calor espiritual, persistindo na declaração do sangue de Cristo. Depois que os demônios de bruxaria foram confrontados, pode ser mais fácil curar as enfermidades.

2. Ancestrais

Poucos de nós sabemos algo sobre nossos ancestrais. Entretanto, podemos ser conscientes de algum pecado espiritual, enfermidade ou padrões de problemas dentro de nosso vínculo familiar.

Necessitamos perdoar nossos ancestrais, por terem aberto a janela, e logo enfrentar seus efeitos em nossa vida. Fazemo-lo nomeando essas coisas e dizendo-lhes que se vão.

O ministro diz: "Por favor, repitam: *'Eu confesso o pecado de (bruxaria, embriaguez etc.) de meus ancestrais. Perdoo meu ancestral e ponho todo demônio de (nome) que veio a mim da parte dessa pessoa debaixo do sangue de Cristo Jesus; e em seu nome ordeno que se vá de minha vida'*".

Somente o ministro diz: "Eu me uno a (nome da pessoa) e ordeno a todo demônio de bruxaria que se retire, no nome poderoso de Jesus, Filho do Deus vivo. Vai para onde Jesus Cristo quer que vás". A pessoa continuará repetindo. *"O sangue de Jesus Cristo me faz livre"*.

Outros demônios ancestrais podem ser nomeados e tratados de maneira similar.

3. Falsas religiões e seitas

As religiões que garantem conduzir as pessoas a Deus, sem o sacrifício de Jesus, são pontos de entrada ou janelas abertas a demônios religiosos. Destrua os objetos que tenha relação com isso e em seguida use os passos, nomeando as religiões, seitas ou atividades das quais a pessoa participou.

4. Falsas experiências espirituais

Estas podem consistir em profecias, mensagem ou sensações físicas provenientes dos demônios, em lugar do Espírito Santo. Use os quatro passos para expulsar os demônios que produzem isso.

CONCLUSÃO DOS PASSOS DE MINISTRAÇÃO. CAPÍTULOS 4—7

Até aqui, vimos os passos de ministração para as situações naturais sem demônios, para as situações naturais com demônios e para as situações espirituais que envolvem demônios. Os passos seguintes se aplicam a cada situação, deixando que o Espírito Santo nos guie.

Demônio de enfermidade

Se a oração por cura física não está funcionando, pode haver demônios de enfermidade presentes. Primeiro, trate com qualquer outro demônio ou motivo que você identifique. Assegure-se, especialmente, de não haja mais falta de perdão. Então, utilize os quatro passos, nomeando as enfermidades.

Quando um demônio sai, a enfermidade e os sintomas podem também desaparecer, como, por exemplo, a dor na coluna. Do contrário, deve-se ungir a pessoa com azeite para cura, e impondo-se as mãos e orando por cura do problema físico. Reserve um tempo para que o Espírito Santo atue na pessoa com seu poder curador. Então, você poderá perguntar: "O que você está experimentando?"; "Há alguma mudança na sua dor de coluna?"; "O que você pode fazer agora que antes não podia fazer?".

A pessoa pode curar-se rapidamente, gradualmente, depois de um tempo, ou não curar-se. Às vezes pode existir um impedimento não descoberto da parte da pessoa ou do ministro; em outras oportunidades, o poder para curar simplesmente não está presente. Nem sempre podemos voltar a tentar em outro momento.

Ore pedindo ser cheio do Espírito Santo

Guie a pessoa a agradecer a Deus pelo que ele fez e peça a Jesus que a encha com seu Espírito Santo, enquanto ela se levanta e entrega sua vida novamente a Jesus (Romanos 12.1,2). A pessoa pode repetir a frase depois de você: *"Jesus Cristo, quero que sejas o Senhor de cada parte de minha vida: minha mente, minhas emoções, minha vontade, meu corpo, meu tempo, meus bens, minhas relações, meu trabalho ou falta dele, meu futuro e meu passado, e tudo o que hoje sou. Por favor, enche-me com teu Espírito Santo".* Você pode ungir a pessoa com azeite e pôr suavemente suas mãos em sua cabeça.

Às vezes, pode ser que uma pessoa experimente uma cura profunda, alegria e paz, e a libertação da dor, à medida que o Espírito Santo a toca. Mas um demônio também pode reagir diante do poder do Espírito Santo. Se a pessoa cair no chão, pergunte-lhe o que ela está sentindo. Se for um movimento no estômago, pode tratar-se de um demônio manifestando-se. Ajude a pessoa a sentar-se e comece a expulsar o demônio. Se há uma sensação de paz, permita-lhe permanecer ali para que o Espírito Santo continue atuando. Não a apresse!

Ação de graças

Depois de agradecer, cubra todos com o sangue de Cristo antes de irem para sua casa.

Depois do cuidado

Pode-se motivar a pessoa (dando-lhe notas), sobre como conservar sua libertação. Dirija-se às páginas das seções 2 e 4. Marque outro encontro, de preferência na próxima semana. Diga-lhe que ela o pode chamar caso tenha algum problema ou perguntas.

7. LIBERTAÇÃO DE UMA PESSOA

Conselhos práticos

Nos capítulos anteriores, abrangemos os diversos passos de ministração para lidar com as situações, incluindo os quatro passos para expulsar demônios. Agora vamos acrescentar alguns conselhos práticos e espirituais. Esta informação também será de ajuda para a ministração em grupo.

Trabalhando como equipe com um líder estabelecido

Quando há muitos ministros para somente uma pessoa, há necessidade de um líder para evitar o caos e a confusão. Se o líder quer descansar, deverá de forma clara deixar um substituto. Uma pessoa pode fazer as anotações, outra pode orar em voz baixa ou buscar palavras de ciência (que compartilhará somente sob a aprovação do líder), outra, ainda, pode estar lembrando o demônio sobre o sangue de Cristo. Às vezes, juntamos as mãos e pedimos que o poder do Espírito Santo venha mais forte na situação, especialmente sobre o que está fazendo frente aos demônios. Nunca interrompa quem está ministrando, a menos que você seja quem esteja dirigindo.

Nossas armas

Os demônios não querem deixar suas moradias confortáveis. Portanto, nós, assim como a pessoa que está sendo ajudada, devemos aplicar pressão para desalojá-los. Podemos:

- Ordenar-lhes em nome de Jesus

- Falar e cantar sobre o sangue de Jesus
- Citar as Escrituras apropriadas. Jesus venceu ao inimigo com a Palavra de Deus (Mateus 4)

A Palavra

Algumas passagens bíblicas são muito efetivas em fazer que os demônios tremam, temam e saiam. Estas incluem:

- Passagens sobre a vitória de Jesus Cristo na cruz, derrotando o inimigo e seus demônios.
- Passagens sobre a destruição do inimigo e todos os seus demônios, como Apocalipse 20.

> **Não é necessário gritar**
> Em Uganda, um ministro estava dando ordens bruscamente a um demônio, mas o demônio não saía. Então, entregou a situação a outro ministro, que falou suavemente. O demônio logo disse: "Assim está melhor. Não gostei da forma que este homem me falou. Agora vou sair".
> Ele rapidamente se foi!

Da mesma maneira, uma vez preparados para a libertação, a pessoa que há de ser libertada deve também contribuir para desalojar os demônios, declarando sua parte dentro dos quatro passos de ministração. Se há uma demora para que o demônio saia, a pessoa pode declarar a verdade de que o demônio já não tem direito de ficar, porque Cristo Jesus conquistou o senhor dos demônios, Satanás, na cruz. Se, por exemplo, for um demônio de enfermidade, podemos declarar que Cristo rompeu o poder da enfermidade na cruz.

Ordenando aos demônios

Você ordena que o demônio se vá, enquanto pede a pessoa que olhe para você e repita: "O sangue de Cristo me liberta". O melhor é que se dirija ao demônio uma pessoa por vez, caso contrário pode ser que ele não leve ninguém em conta. Deve-se falar energicamente com o demônio, mas sem gritar. Um pastor ou professor com mais

MINISTRANDO ABAIXO DA SUPERFÍCIE

> **Exemplo**
> Em Uganda, um demônio declarou que podia ver a cruz nos olhos de um dos membros de nossa equipe. Em algumas ocasiões, os demônios tentaram manter os olhos da pessoa fechados para que não projetasse a luz.

controle grita menos. Falar calmamente perto do ouvido da pessoa pode ser muito efetivo. Isso também mantém o volume baixo, que é importante se uma quantidade de pessoas estiver recebendo ministração ao mesmo tempo. Às vezes, o demônio pode sair sem que você fale muito, enquanto olha nos olhos da pessoa, já que odeiam a luz de Jesus que brilha em seus olhos.

Quando um demônio está se manifestando, a pessoa deverá pôr sua mão onde ocorre a manifestação e correr com ela para onde a manifestação se move. Geralmente, o demônio se moverá da área dos intestinos, seguindo em direção do peito e depois da garganta, para logo sair pela boca. Isso pode ocorrer em pouco tempo, digamos em um minuto, ou pode tomar muito mais tempo. Enquanto se move a manifestação para a garganta, a pessoa deverá parar de dizer *"O sangue de Jesus Cristo me liberta"* e começar a concentrar-se para que o demônio saia; ou dizer-lhe diretamente que se vá. O demônio normalmente produzirá tosse, enquanto se move pela garganta. Pode ser expulso mais rápido se a pessoa começar a tossir. Logo, o demônio também tossirá.

Os ajudantes deverão ser cuidadosos quando impuserem as mãos a uma pessoa durante a ministração, especialmente homens com mulheres! Não há necessidade de empurrar, pressionar ou tocar o corpo durante a libertação. Pode ser que, inspiradas por rituais de exorcismo não cristãos, algumas pessoas, equivocadamente, pensem que se pode expulsar o demônio por meio de força ou de toque, corte, fogo ou poções. Isso são tolices demoníacas.

Porque os demônios estão em um contexto espiritual, deve-se tratar-se com eles com espiritualidade. Isso significa que é por meio de declarar o nome de Jesus Cristo e as verdades espirituais. Não há necessidade de força ou ação física!

Encontrando o nome

Podemos dizer que o nome é o caráter. É como dizer o que o demônio está fazendo na vida da pessoa. Por exemplo: luxúria excessiva. Alguns demônios possuem nomes especiais. Frequentemente, um demônio se irá sem que se manifeste. Às vezes, a pessoa sabe o que eles desejam para deixá-la livre. Se seguirmos as orientações dos capítulos anteriores sobre como ir dos sintomas à causa, deveríamos poder identificar o demônio antes de começar a libertação. Mas em uma reunião grande um demônio pode manifestar-se sem que a pessoa saiba qual é. Você terá que fazer que ele se identifique.

Em Marcos 5.2-17, Jesus encontrou um homem endemoninhado que vivia nas tumbas: Ordenou ao demônio que deixasse o homem, mas este, obviamente, não obedeceu. Jesus lhe perguntou: "Como se chama?". Respondeu: "Meu nome é Legião, porque somos muitos". Isso mostra que:

1) Jesus dirigiu-se aos demônios, não à pessoa e 2) Um demônio falou em nome de muitos. Os demônios logo imploraram a Jesus, o que mostra que houve um diálogo entre o Senhor e os demônios antes que a libertação se completasse. Temos tido muitas experiências similares a essa.

Não lute fisicamente

Durante um serviço no Chile, no tempo de ministração havia muitas pessoas sendo ajudadas. Enquanto ministrava às pessoas, não havia percebido que um homem estava lutando contra seis de nossa equipe!

Quando vi o que estava passando, perguntei à equipe: "Que demônio estão tentando expulsar?". Eles não sabiam. Então, lhes pedi que parassem a luta e deixassem que o demônio tornasse à sua morada.

Logo conversamos com o homem, e ele confessou que praticava caratê. Então, era óbvio que um demônio do caratê se havia manifestado quando o ministro o ungiu com azeite. Assim, o conduzimos pelos quatro passos, enquanto formávamos um anel ao redor dele, sem tocá-lo. O demônio queria outra luta, mas se manifestou menos violento dessa vez, somente sacudindo o homem, porque ele estava envolvido na batalha!

É apropriado falar com um demônio?

Muitos escritores são totalmente contra a permitir que um demônio fale, mas Jesus assim o fez, por isso não o excluímos. A maioria deles deve ir sem dizer uma palavra. Se falam, isso sucede na etapa que denominamos "sair à superfície". Quando um demônio se manifesta fortemente, pode chegar um momento em que ele "toma o controle", como se realmente tivesse o controle, e começa a falar através da pessoa.

Sendo assim, quando começar a expulsar um demônio, você somente verá a pessoa, mas logo começará a ver uma combinação de pessoa e demônio, e este iniciará algumas manifestações. Finalmente, o demônio pode apoderar-se do corpo, da face e da boca, a tal grau que se chega a perceber somente o demônio. Às vezes, esses estados se alternam, tornando-se difícil distinguir se é a pessoa ou o demônio que está falando. Lembre-se, o demônio pode passar-se por uma pessoa, já que está usando a voz dela.

Os demônios podem parecer muito cultos e até mesmo divertidos. Não é verdade que os demônios somente dizem mentiras. Dirão a verdade, quando

---

> **Conhecendo o nome**
>
> Em uma igreja em Uganda, um demônio disse: "Não direi meu nome, porque, se eu disser, terei de sair". Mas no final nos disse o nome e se foi.
>
> A lista do agrupamento dos demônios na seção 4, pode servir-nos de ajuda para saber que outros demônios podem estar ali; assim, expulsaremos todos.

> **Advertência contra o uso da força**
>
> Não expulsamos um demônio por meio da força física.
>
> Se o demônio, de repente, chegar a se manifestar violentamente, é melhor tirar a pressão da manifestação do demônio e permitir que a pessoa esteja mais preparada e envolvida, antes de continuar. Veja a parte 6.
>
> Os ajudantes necessitarão, de vez em quando, segurar a pessoa para evitar que se machuque.
>
> Ouvimos de exorcistas que batem nas pessoas com pau etc. Isso não tem nada a ver com a libertação bíblica!
>
> Um problema espiritual necessita de pressão espiritual.
>
> Se usarmos a força física, alguém pode acabar ferido, e sua ministração redundará em um descrédito.

se sintam pressionados suficientemente, como fizeram com Jesus. Eles não querem dar informação sobre si mesmos, porque isso nos dá maior autoridade sobre eles. Somente devemos pedir informação que nos ajude a expulsá-los e evitar a tentação de entusiasmar-nos com as coisas que nos digam. Em Uganda, experimentamos as táticas de distração de um demônio, como por exemplo: "Eu vou se me derem outro cabrito!" Não devemos fazer tratos, tampouco sacrifícios.

Fazer perguntas como "Qual é teu nome?", "Quanto tempo faz que está aqui?", "O que está fazendo a esta pessoa?" pode servir de ajuda para derrubar a resistência de um demônio teimoso.

Removendo obstáculos

O que você deve fazer se o demônio se manifesta, mas não sai, por mais que tente? Deve parar e averiguar se existe algum motivo (obstáculo) com que não tenha lidado ainda; por exemplo: a pessoa não perdoou alguém, está escondendo algum pecado ou tem profundas feridas que não foram curadas.

Por exemplo, em uma empresa em Catamarca, Argentina, no ano de 2004, um integrante de nossa equipe ministrava a uma mulher. Um demônio, que se autodenominou lobo, estava manifestando-se violenta e ruidosamente e não queria sair.

No dia seguinte, durante uma ministração de curar as lembranças, a mulher pôde perdoar algumas pessoas. Quando voltamos a ministrar à mulher, o demônio se foi facilmente.

Não lute; prepare-se

Se um demônio está desobedecendo e se manifesta violentamente, somente segure a pessoa o suficiente para evitar que ela se machuque; por exemplo, que sua cabeça bata contra o chão. Em vez de ter uma luta com o demônio, é melhor deixá-lo e parar de ordenar--lhe que se vá. Permita que se retire ou se afunde no lugar onde se esconde dentro da pessoa. Em seguida, fale com ela e realize uma preparação ainda maior, antes de tentar expulsar o demônio.

Revisão

Frequentemente, dentro da ministração de libertação, o ministro se detém muito rapidamente, e a pessoa não chega a ser liberta. Quando para a manifestação, percebe que o demônio não se foi. Deve seguir ordenando que se vá, e a pessoa deve continuar repetindo: "O sangue de Cristo me liberta". As manifestações começarão novamente se o demônio não se foi, ou se outro sai à superfície. É fácil ser enganado ao pensar que o demônio se foi, quando somente está descansando. Uma vez um demônio disse: "Oh, pensei que havia conseguido te enganar".

> **Tenha cuidado**
> Em uma grande igreja em Uganda, quando as pessoas caíam no chão, eram deixadas ali, e eu estava convicto de que os demônios haviam ido.
> Contudo, quando comecei a ensinar que os ajudantes deveriam ir, e perseguir os demônios e não deixá-los, então descobriram que, de fato, os demônios continuavam ali.

Não pense que, se a pessoa parou de gritar, o demônio se foi. Às vezes, a pessoa pode cair no chão, enquanto o demônio trata de escapar no momento em que poder do Espírito Santo vem sobre ela. Mas o cair ao chão não significa necessariamente que os demônios se foram.

A pessoa pode inclusive dizer: "Oh, sinto-me melhor agora. Se foi". A prova está em verificar se ela pode repetir várias vezes "O sangue de Cristo me liberta" sem manifestar uma reação.

Devemos lembrar que um demônio tratará de fazer todo o possível para esconder-se e não se revelar. Essa é a razão pela qual passam despercebidos, sem ser descobertos por muito tempo. Uma jovem veio a três seminários antes que os demônios se manifestassem nela. Entretanto, um jovem em seu primeiro seminário descobriu, para sua surpresa, que não podia movimentar os braços durante o tempo de ministração. Ele não acreditava que pudesse ter demônios, por ser um estudante de teologia e um cristão por muito tempo de uma prestigiosa igreja evangélica!

Nunca assegure às pessoas que elas estão livres completamente

Isso somente leva a decepções, pensando não necessitarem mais de libertação. De qualquer maneira, terão de aprender a mudar os padrões naturais de comportamento. Por isso, permaneça agradecido e regozije-se do que Deus fez, mas não faça afirmações absolutas.

Frequentemente, pode ser que haja outras áreas que precisam ser tratadas; tal como quando descascamos uma cebola, há muitas cascas que também produzem lágrimas. Em Uganda, as pessoas nos dizem que expulsamos demônios tal como se estivéssemos depenando um frango: um punhado de penas por vez!

Nunca deixe de pedir ajuda a alguém com mais experiência.

8. MINISTRANDO A UM GRUPO

Cura interior e ministração de libertação a um grupo

Os passos que apresentamos para ajudar a uma pessoa nos capítulos 4, 5, e 6 podem também ser usados para um grupo. Pode ser um serviço em uma igreja, uma reunião em casa, um seminário ou uma série de reuniões semanais. Não se pode ministrar a um grupo sem contar com uma equipe de ajudantes.

Como temos feito na prática

Dirigimos alguns seminários em Quito, Equador, quando o tempo era escasso. Então, pedimos àquelas pessoas que já haviam assistido a outros seminários que viessem receber treinamento uma hora antes que o seminário começasse. Elisabeth começou a treiná-los, enquanto eu ensinava no seminário em geral. Depois, nos unimos para o tempo de ministração.

Ungimos com azeite os colaboradores e impusemos as mãos sobre eles antes que ajudassem aos outros. Frequentemente, à medida que o poder de Deus os tocava, os demônios

---

Prepare-se:
- Transparências sobre os passos de ministração (5554); outras ilustrações, um retroprojetor e tela, ou apresentação em Power Point.
- Cópias dos passos para entregar às pessoas.
- Um grupo de ministros com um coordenador, que os dirija até as pessoas que necessitem de ministração.
- Identificação para os ministros.
- Jarros pequenos de azeite
- Lenços de papel e sacos de plástico.
- Panos ou mantas para cobrir o piso na frente, se estiver sujo.
- Roupão para cobrir as mulheres no chão.
- Uma secretária que anote os nomes, endereços de contato e números de telefone para o acompanhamento.
- Um grupo de louvor para as canções, enfatizando o sangue de Jesus na cruz.

começavam a manifestar-se e os colaboradores experimentavam libertação; logo, eles ajudavam a outros a serem libertos! Elisabeth e eu os assistíamos no que fosse necessário, ao mesmo tempo que ministrávamos a outras pessoas e dirigíamos o serviço.

Em uma carta recente, na seção 4, a pastora Cárdenas, em Quito, Equador, nos agradece por termos treinado ministros durante o trabalho. Agora ela está fazendo o mesmo.

Como usar de forma efetiva os passos de ministração dentro de um serviço da igreja

Plano do serviço

Um serviço normal deve começar com louvor, para levar as pessoas à presença de Deus. Depois podem vir alguns anúncios e a oferta, se for necessário. Logo vem o tempo de ensinamento. O objetivo é preparar os corações e as mentes para entender a cura interior e a libertação; particularmente, o aspecto com o qual estaremos tratando no tempo de ministração.

Ensinamos na seção 1 (dos pecados e das feridas) e ministramos com o capítulo 4 desta seção. Em seguida, ensinamos a seção 2, sobre libertação, antes de aplicar os passos de ministração dos capítulos 5 e 6 desta seção. Depois do ensino, às vezes cantamos cânticos de adoração antes de começar a ministração. Para o ensino, e para fazer cura interior e libertação em uma ou duas áreas, requer-se duas a três horas.

O ideal é que uma pessoa utilize 5 tardes com as mesmas pessoas, assistindo-as cada dia. A efetividade da ministração cresce cada tarde, em forma sucessiva, à medida que as pessoas entendem mais e se tornam mais abertas ao Espírito Santo.

Ministração durante um serviço

O líder deve dizer às pessoas que levantem as mãos, caso alguém sinta alguma manifestação durante o tempo de ministração. Deve-se designar um encarregado para dirigir os ministros até aqueles que necessitem ajuda. Os ministros podem ajudar-lhes a libertar-se ou lidar com as feridas.

Na maioria dos serviços de libertação e cura interior, não há ministros suficientes para que se tenha uma sessão longa com cada uma das pessoas. Às vezes, vamos classificando segundo a causa, convocando todos aqueles que queiram ser libertos em uma área em particular; e vamos juntos pelos passos. A cada pessoa se diz que nomeie sua causa (demônio) particular, durante a oração, no passo 1. Para cooperar, as pessoas podem dizer ao ajudante que demônio estão expulsando.

Autorização

Os demônios querem causar desordem; Deus é ordem. Cremos que todos os que queiram ajudar na ministração devem ser designados pelo líder, antes que comece a ministração; devem-se dar crachás ou outra identificação. Às vezes, outros cristãos que não foram treinados nesse enfoque vêm a uma reunião e, de maneira espontânea, tentam ajudar. Isso pode causar problemas e confusão, por isso se requer discernimento.

Manifestações desordenadas

Às vezes, as pessoas vomitam durante o tempo de ministração, como se tentassem expulsar uma comida asquerosa. Não devemos motivar o vômito. Podemos fazer o possível para proibir os demônios de causarem isso, mas nem sempre eles obedecem. Por isso, é bom ter um saco plástico em caso de emergência. O organizador da conferência semanal que realizamos na cidade de Chitoor, na Índia, observou que os indianos não vomitavam. "Isso é algo que os americanos fazem", expressou ele. Entretanto, mais tarde em um seminário em Nova Délhi, Elisabeth estava ministrando a uma mulher ex-hindu que, de repente, vomitou sem prévio aviso sobre a linda almofada vermelha da igreja metodista.

Cânticos de louvor

Antes e durante a ministração, é de grande ajuda ter cânticos de adoração que enfatizem o sangue de Cristo na cruz, porque os demônios não gostam de ouvir sobre o sangue e a cruz; e o poder de Deus é liberado quando cantamos sobre ele. Peça ao líder do grupo de adoração que mantenha o volume baixo, enquanto se realiza a ministração na frente na igreja. Do contrário, a pessoa a quem você está ministrando não ouvirá o que você diz.

Preocupação com as pessoas

É bom ter ajudantes que entreguem lenços de papel às pessoas que choram. Vale lembrar que isso deve ser feito cuidadosamente, sem interromper o processo de cura. Será necessário forrar com panos a parte da frente na igreja, pelo fato de o piso ser duro e também porque às vezes pode estar sujo. Também, se as mulheres caem no chão, é bom cobrir as pernas delas com toalhas ou roupões. Por isso, deve-se estar preparado. Quando usar o azeite, tenha cuidado com a roupa das pessoas.

9. ABUSO SEXUAL

Como utilizar estes passos de ministração para ajudar vítimas de abuso sexual

Recomendamos que se familiarize a fundo com todos os diferentes passos de ministração e que adquira experiência com problemas mais simples antes de tentar ministrar na área de abuso sexual. Entretanto, apresentamos esta instrução para mostrar como todos os ensinamentos podem ser combinados para uma ministração efetiva e sistemática "abaixo da superfície", em uma das áreas mais desafiantes da ministração.

1. Prontos?

Revise os conteúdos da seção 3, capítulo 1.

Tanto homens como mulheres podem ser abusados sexualmente, e essa ministração se aplica de maneira igual para ambos. As qualidades-chave, quando se ministra sobre abuso sexual, são a compaixão e a sabedoria. As vítimas de abuso carregam geralmente ódio pessoal, falsa culpa e medo do sexo oposto.

Portanto, essa é uma ministração muito delicada, na qual se deve ter muito cuidado e entendimento. A princípio,

---

Possíveis sintomas de abuso

- Confusão, perda de identidade, sensação de sujeira ou indignidade
- Sensação de traição, desconfiança para com os homens e com Deus
- Ódio e castigo pessoal, tendências suicidas
- Raiva, ódio e amargura contra os abusadores e o mundo
- Culpa, vergonha, atitudes incorretas com o sexo
- Medo, ansiedade, medo de homem(mulher), de Deus e de si mesma(o)
- Compulsões: anorexia, bulimia, rituais de lavar-se
- Ouvir vozes
- Fortes desejos extras de sexo ou de dar sexo para ser amado(a)

não seria muito conveniente que um homem se envolvesse em ministrar a uma mulher. A violação pode abrir uma janela a um demônio de ódio para com o homem. No tempo correto, orar com um homem presente pode ser um passo importante para a libertação total.

Permaneça sempre mostrando amor e aceitação, mas longe de expressões físicas, como abraçar. Nunca condene ou faça a pessoa se sentir culpada. Ajude-lhe para que ela veja que Cristo não se esqueceu dela e que quer e pode restaurar seu corpo, sua alma e seu espírito. Obviamente, o aspecto de confidencialidade e confiança é vital nessa área. Se a pessoa não confia em você, será pouco provável que compartilhe que foi abusada sexualmente.

2. Esclarecendo os problemas e os sintomas
Revise o conteúdo da seção 3, capítulo 2.

Em nosso seminário, as pessoas frequentemente nos dizem diretamente, que foram abusadas. Ganham confiança, e sua fé em Deus aumenta à medida que vem até nós sendo ajudadas. Mas, no aconselhamento individual, pode ser um processo mais lento. Às vezes, as pessoas nos provarão falando de outros problemas ou sintomas.

Se você suspeitar de um abuso, baseando-se nos sintomas ou em palavra científica, quando as bases de confiança e compaixão se estabelecerem, poderá dizer: "É possível que alguém tenha abusado de você?". Nunca diga ou sugira quem você crê que foi o abusador. Deixe que a pessoa diga.

Ao identificar o problema, sempre dizemos que a primeira causa dos problemas é o pecado de alguém. Geralmente a pessoa abusada é vítima do pecado de outra pessoa. É inocente, mesmo que ela se sinta culpada sobre o que se passou. Isso é comum, especialmente nas crianças, em caso de abusos. É comum também quando os pais se divorciaram.

O abuso sexual de meninos ou meninas ou a violação violenta podem criar problemas de dano físico no corpo, o que requer oração para sua cura. Pode ter acontecido uma gravidez indesejada que conduziu ao aborto. É importante começar com as causas e daí começar a lidar com as complicações e os problemas depois.

3. Encontrando as causas

Lembre-se que as causas são aquelas coisas que impedem o fluir da cura de Deus e o poder de restauração em nossa vida.

Natural
Revise a seção 1, capítulo 3.

As causas naturais são as feridas, as lembranças dolorosas e as reações incorretas. A reação incorreta típica é culpar a si mesmo ou Deus, o que leva a autoestima baixa e depressão. Fazem-se juramentos internos para proteger a alma ferida. As lembranças dolorosas fazem que se torne muito difícil perdoar.

Revise a seção 1, capítulo 5.

A sexualidade é um mecanismo que Deus criou para unir os esposos no casamento. No caso de abuso sexual, produz-se uma união física que resulta em atadura ímpia da alma. Essa atadura ímpia deve ser destruída.

Espíritos do Abusador
Espíritos do abuso
Demônios que distorcem a sexualidade etc.
Ataduras da alma
Reações Incorretas
Feridas
Lembranças dolorosas
Culpar a si mesmo ou Deus
Autoestima baixa
Juramentos internos
Falta de perdão
Danos corporais
Pecados do Abusador

Natural + Demoníaca
Revise a seção 2, capítulo 4.

Os demônios imundos de abuso, violação, luxúria, fornicação, homossexualidade etc. são demônios trazidos pelo abusador. A ferida do abuso cria um ponto de entrada para esses demônios. Logo, eles buscam promover comportamentos similares na vítima. Os demônios da parte do abusador podem ser qualquer tipo de demônio que este carrega. Quando duas pessoas têm relações sexuais, produz-se uma união espiritual. Nesse momento, os demônios passam de uma pessoa para a outra. Os demônios imundos e aqueles da parte do abusador deverão ser expulsos.

4. Aplicando o remédio

Cura das Feridas

Resumo dos passos de ministração
O QUE PODEMOS FAZER COM AS FERIDAS E AS REAÇÕES INCORRETAS A ELAS

Passo 1: Reconhecer a ferida.
Passo 2: Entregar a ferida a Jesus Cristo na cruz.
Passo 3: Perdoar àqueles que causaram tal ferida.
Passo 4: Entregar as reações incorretas a Jesus Cristo na cruz.
Passo 5: Pedir e aceitar perdão pelas reações incorretas.

Revise a seção 1, capítulo 3.

Passo 1: Reconhecer a ferida

Mostre à pessoa que ela não é responsável pelo sucedido, e tampouco Deus. Ele não permitiu isso para um propósito ou como castigo. Ele deu a todos livre-arbítrio; e em um mundo quebrado e caído, muitos o usam equivocadamente. Todos somos afetados pelos pecados de outros. Quando isso sucede, Deus chora conosco e anseia pela oportunidade de restaurar-nos e curar-nos. Romanos 12.15 diz: "[...] chorem com os que choram". Por isso, leva tempo para entender suas feridas.

Logo, olhem juntos para Cristo. Ele é o Salvador e o Cordeiro inocente de Deus, que sofreu pelos pecados do abusador e pelas feridas feitas pelo abusador.

Leia Isaías 61.1-3: "O Espírito do Soberano, o SENHOR, está dobre mim, porque o SENHOR ungiu-me para levar boas notícias aos pobres.

Enviou-me para cuidar dos que estão com o coração quebrantado, anunciar liberdade aos cativos e libertação das trevas aos prisioneiros, para proclamar o ano da bondade do SENHOR e o dia da vingança do nosso Deus; para consolar todos os que andam tristes, e dar a todos os que choram em Sião uma bela coroa em vez de cinzas, o óleo da alegria em vez de pranto, e um manto de louvor em vez de espírito deprimido [...]". Explique que Jesus quer fazer tudo isso na vida da pessoa, mas será um processo que tomará tempo.

Passo 2: Entregar a ferida a Jesus Cristo na cruz

A pessoa pode incluir a raiva que naturalmente sente contra o abusador ou outros que puderam ter falhado em protegê-la. Use a ilustração de segurar o livro pesado, ou a de levar a ferida em uma mochila, para mostrar-lhe como se pode levar as feridas para a cruz.

Banhando-se no rio

Dadas as dificuldades de perdoar ao abusador, queremos tratar com as lembranças dolorosas nesta etapa, antes de entrar no passo de perdoar. Use "a técnica do banho no rio", em vez da revelação das lembranças.

Revise a seção 1, capítulo 4.

Peça à pessoa que se imagine no trono de Deus, de onde flui uma corrente de água pura (Apocalipse 22.1).

Permita que ela se imagine junto ao rio, sendo lavada da cabeça aos pés. Explique-lhe que a água que vem do trono de Deus a limpa dos sentimentos de haver sido usada e da sujeira, culpa e vergonha. Espere e veja o que Deus faz ou o que a pessoa experimenta.

Passo 3: Perdoar àqueles que causaram tal ferida

Algumas pessoas, enquanto recebem cura, podem ser capazes de perdoar facilmente. Enquanto lhe demonstra que você entende como ela se sente, ajude-a, recordando que ela é uma eleita. Pode ser que o abusador tenha arruinado sua vida até este momento, mas não é necessário que a arruíne pelo resto da vida. Ao libertar-se de sua raiva, a pessoa se libera para receber uma nova vida com Deus. Explique que a raiva dela não está prejudicando o abusador, e sim somente a ela mesma. Essa é uma barreira que a impede de receber tudo o que Deus quer lhe dar.

É importante não fazê-la sentir-se culpada, caso necessite de mais tempo ou mais cura antes de poder perdoar. Também ela deve saber que deverá continuar perdoando se os pensamento sobre o abuso voltarem. Pode ser que culpe a si mesma por haver permitido o abuso, portanto necessitará de ajuda para perdoar-se.

Passos 4 e 5: Lidando com as reações incorretas e recebendo perdão

Revise a seção 1, capítulo 3, e a seção 3, capítulo 4.

Anime a pessoa para que veja que confessar e renunciar as reações incorretas é um passo vital para receber uma cura completa e restauração. Oriente-a para renunciar todo tipo de juramento interno que tenha feito. Utilize passagens bíblicas como Isaías 61.1-3 e 44.1-3 para construir sua confiança em Deus e anime-a a fazer um novo voto de confiança nele.

Resumo dos passos de ministração
Possíveis passos extras

Passo 6:   Obter cura das lembranças.
Passo 7:   Quebrar ataduras ímpias da alma.
Passo 8:   Receber libertação.
Passo 9:   Receber cura física.
Passo 10: Mudar os padrões de pensamento e as atitudes.
Passo 6. Cura das lembranças dolorosas

Não queremos que ninguém tenha lembranças sobre abusos sexuais. Por isso, não pedimos ao Espírito Santo que faça a pessoa voltar a tal incidente mentalmente, como o fazemos em uma cura normal das lembranças.

*Passos 7 e 8: Quebrando ataduras ímpias
da alma e ministrando libertação*

Uma vez que a pessoa experimentou o amor de Deus e as águas do rio que a limpou, deveria ter a confiança para quebrar as ataduras da alma e receber ministração de libertação.

Revise a seção 3, capítulos 5 e 6.

Ensine à pessoa como preparar-se para a libertação (seção 2, capítulo 6).

Veja os passos ilustrados na seção 3, capítulo 5, como quebrar ataduras da alma e expulsar os demônios de abuso e os provenientes do abusador.

Se houve um aborto, deverá ministrar sobre os efeitos deste, quando perceber que a pessoa esteja pronta. As causas serão: pecado, feridas e demônios de culpa e homicídio. Essa ministração evitará qualquer atitude negativa nas crianças que venham depois.

Uma gravidez indesejada deverá, de maneira similar, necessitar de uma atenção especial e ministração para a criança.

9. Oração por cura física

Revise a seção 3, capítulo 4, parte 8, e capítulo 5, parte 6.

Quando há complicações físicas, o Espírito Santo o pode conduzir a orar por cura física à medida que a cura interior e a libertação progridam.

10. Estabelecendo novos padrões de comportamento

Revise a seção 3, capítulo 4, parte 9.

Todos nós, especialmente aqueles que estão se restaurando de abusos, necessitamos experimentar o verdadeiro amor cristão e a amizade dentro da igreja em um grupo pequeno. Um grupo de comunhão mista, em que as pessoas compartilhem de forma sincera, é um bom ambiente onde se pode vencer o medo do sexo oposto.

Pode ser que uma pessoa abusada tenha perdido a habilidade de controlar sabiamente seu nível de abertura e intimidade. Isso a expõe a feridas futuras e desilusões e a impede de construir novas amizades saudáveis.

Uma vez que recebeu cura interior e libertação, deveria sentir liberdade para aprender novos padrões de comportamento e pensamento. Necessita entender que esse é um trabalho que todos devemos fazer. Qualquer que seja o problema ou as causas, todos necessitamos trabalhar duro em criar novos padrões.

Ter esperança nos ajuda a motivar-nos, e podemos estimular a esperança de que um dia a mulher encontrará um homem no qual ela aprenda a confiar e finalmente se case.

Livre dos efeitos do abuso infantil e dos medos – *Suíça*

"Não sabia o que significava viver sem medo. Queria que a terra me tragasse quando mencionavam sobre o abuso infantil. Naquele seminário particular, em junho de 1994, decidi trazer à luz minha experiência de infância. Depois de três horas e meia, senti-me completamente curada e livre! Foi maravilhoso sentir Jesus curando-me e libertando-me. Agora posso viver sem medo. Quem dera todos pudessem experimentar a liberdade e o amor que eu experimento agora em Jesus Cristo!"

10. ESTUDO DE CASO

Para ver como os métodos foram aplicados em exemplos da vida real

Analisaremos o verdadeiro exemplo de uma senhora que assistiu a um de nossos seminários. Veremos seus problemas e daí nos moveremos da descrição do problema para a identificação das causas, a fim de, assim, aplicar o remédio.

Definindo a cena

No seminário, havíamos explicado como trabalhamos, o que estávamos buscando e os pontos de entrada para os demônios. Debbie veio receber oração (todos os nomes foram mudados).

Os sintomas e problemas de Debbie

Debbie tinha hepatite B. Sua mãe deixou de enviá-la ao colégio e a fez trabalhar em casa. Debbie não se sentia amada, e sim rejeitada por sua mãe. Odiava sua mãe e prometeu que se vingaria quando ela envelhecesse. Alguns garotos queriam seu amor, e eles foram a um bruxo para lançar feitiços sobre ela e, dessa forma, fazer que ela se apaixonasse por eles. Então, Debbie dirigiu-se também ao bruxo para anular tal feitiçaria. Quando seu pai ficou doente, ela quis levar-lhe alguns remédios, mas ele morreu antes que ela chegasse. Sentiu-se desiludida com Deus. Sua pequena irmã, que ela havia levado ao Senhor, também morreu, mas ela não o soube por vários meses. Debbie tinha uma grande dor emocional.

As causas

- Rejeição de sua mãe.
- Amargura para com sua mãe. Juramento secreto contra ela.
- Visita ao bruxo. Envolvimento com ocultismo.
- Necessidade de cura da hepatite que começou nesse tempo.
- Desilusão com Deus pela morte de seu pai.
- Ferida com a morte de sua preciosa irmã sem que ela sequer soubesse.

Pontos de entrada e janelas abertas

- A rejeição abriu janelas produzindo mais rejeição (ferida).
- Amargura para com sua mãe e o juramento interno contra ela (pecado).
- Visita ao bruxo (pecado + ocultismo).
- Profunda desilusão (ferida emocional).
- Culpar Deus (reação equivocada à ferida).

Passos de ministração

Feridas provenientes da mãe de Debbie

- Debbie fez uma oração de confissão e arrependimento, na qual pediu perdão.
- Logo, levou suas feridas à cruz, e nós oramos pelo amor de Cristo nela.
- Perguntamos se ela poderia perdoar à sua mãe, e ela assim o fez.
- Rompemos esse juramento secreto contra sua mãe.
- Expulsamos a rejeição de sua mãe, o medo da rejeição e a rejeição a outros. Debbie vomitou muito.
- Oramos por cura da ferida de seu coração. Ela começou a chorar de alegria, ao sentir-se amada por Jesus Cristo.

- Para confirmar, dissemos ao demônio de amargura que saísse, e ficamos muito contentes ao ver que não havia mais reações.

Pecado espiritual — visita ao bruxo

- Cortamos o feitiço que os garotos haviam lançado sobre ela por meio da bruxaria.
- Pedimos a ela que pedisse perdão por ter ido ao bruxo.
- Cortamos a atadura da alma com o bruxo.
- Logo, expulsamos os demônios que haviam entrado da parte do bruxo; os demônios provenientes das maldições dos garotos, por meio da comida e das bebidas que eles lhe ofereceram, e os demônios que vieram do bruxo diretamente. Ela vomitou muitíssimo.
- Finalmente, expulsamos o demônio da hepatite B.

Feridas e más reações: sua desilusão

- Debbie pediu perdão por haver culpado Deus.
- Ela também entregou sua dor profunda ao Senhor.
- Caminhamos pelos quatro passos para desfazer-nos da desilusão. Ela chorou. Em seguida, lhe pedi que imaginasse seu pai e sua irmã, ela os levando a Jesus Cristo. Quando fez isso, uma grande alegria invadiu sua alma.

O resultado

Como vê, houve algumas reações e alguns resultados imediatos durante a ministração, que variaram desde vômitos até um sentimento de grande alegria. Mesmo que tais reações possam servir-nos de indicação sobre o que está sucedendo durante a ministração, não

10. Estudo de caso

estamos interessados particularmente nelas. O que importa é a perdurável cura e a mudança na vida da pessoa.

Podemos confirmar que esse ministério traz mudanças permanentes, porque voltamos às mesmas igrejas em diferentes partes do mundo por vários anos.

No caso de Debbie, recebemos uma carta de seu pastor que vem a seguir.

Uma carta do pastor local confirma a cura:

"Querida Elisabeth:

Você deve recordar de suas orações com Debbie. Ela havia estado mal de saúde por vários anos, por causa da hepatite B. Depois da reunião de oração, ela sentiu-se bem e continuou sentindo-se bem desde então. Na semana passada, foi ao hospital para fazer um exame de sangue, e os resultados foram excelentes. Que milagre! Acho que ela ainda tem os exames anteriores que confirmam sua hepatite B. Talvez devesse emoldurá-los e pendurar na sala como testemunho e motivo de conversação com as visitas .

Somente queria compartilhar essa bênção. Com amor e admiração,

Pastor Jim."

Isso é um milagre?

O pastor Jim descreve a mudança na vida de Debbie como um milagre. Um milagre é quando Deus suspende suas leis naturais. No caso de Debbie, a cura e a libertação vieram pela aplicação dos princípios e das leis espirituais que nós mencionamos neste livro. Isso criou as condições para que o Espírito Santo fizesse seu trabalho de cura.

Resumo

Pecado natural   Confessou, arrependeu-se e recebeu perdão da amargura

Feridas	Quebrou o juramento e as ataduras da alma com o bruxo Levou-as à cruz Perdoou sua mãe, e recebeu perdão por suas reações incorretas
Demônios	Os demônios de rejeição foram expulsos; todos os demônios que vieram pelo contato com o bruxo e os demônios causadores da hepatite B
Cura física	Da Hepatite B, depois que o demônio foi expulso

Seção 4
MATERIAL DE APOIO

Esta seção é uma coleção de diferentes materiais de apoio adicionais. Primeiramente, algumas fotos e testemunhos de nossas viagens de ministério. Em seguida, alguns ensinamentos chave para propósitos de revisão; e, por último, outros ensinamentos que somente serão de interesse à medida que você adquira mais experiência e Deus faça crescer seu ministério.

Finalmente, concluímos com as páginas que são ideais para fazer cópias e usá-las como esboços em seus grupos, seminários ou reuniões.

FOTOS

Jesus morreu para romper o poder de Satanás. Temos visto essa verdade transformando vidas em todo lugar aonde vamos. Estas fotos foram tiradas em nossas viagens de ministério na África e Índia.

1. Ngariam, Uganda oriental. Apoiando a criação de uma igreja. As pessoas haviam caminhado por horas. Deus fez grandes milagres.
2. Viagem de canoa para ministrar nas ilhas no lago Vitória.
3. Nosso dormitório em uma viagem de ministério depois da guerra em Uganda.
4. Henry Bukenya (à direita), um amigo desde os anos 1960 e diretor da Faculdade de Educação, com seus amigos no início dos anos 1990.
5. Nossa filha Esther nos ajudou neste seminário de pastores de Uganda, em Buganda ocidental.
6. Reunião nos anos 1990 com Canon Meter Kigozi, quem levou Albert a seu primeiro safári da La Scripture Union, em 1963.

FOTOS

7. Daniel Baumgartner. Agora, nosso genro. O tempo prático de seu curso de teologia foi um abrir de olhos para ele.
8. No Cairo, Egito, ministrando em uma igreja cristã de língua copta (egípcio antigo).
9. Elisabeth num *ashram* (Índia) perto de Chitoor, onde realizamos uma conferência de pastores em 2002.
10. A conferência de Chitoor, na região de Chennai (Madras), Índia.
11. Com o dr. Thomas Varghese e pastores de Nova Délhi e os organizadores do seminário nessa cidade em 2002.
12. A família Taylor nos anos 1970. Da esquerda para a direita, Philip, Elisabeth, Esther, David e Albert.

FOTOS

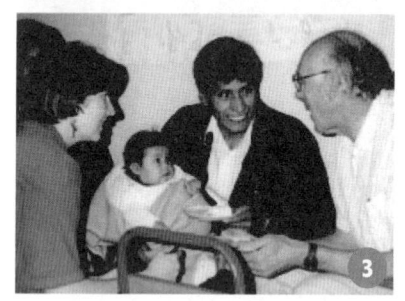

A América do Sul foi palco de muitas viagens. Os maus-tratos, no passado, que sofreram os indígenas por parte dos conquistadores, são uma carga espiritual pesada. Mas aqui, novamente, Cristo ofereceu cura e libertação.

1. A adoração movimentada, que inclui bandeiras, é popular em toda a América do Sul, como aqui, em Oruro, Bolívia.
2. No primeiro dia, é difícil adaptar-se ao ar de La Paz, a quase 4.000 metros de altura.
3. Orando por uma criança na base da Jocum, em La Paz.
4. Um avião missionário voar por uma parte remota do sul da Bolívia é um acontecimento raro. Geralmente, viajamos longas distâncias de ônibus.
5. O psicólogo David Aguirre e sua família em Guayaquil, Equador, receberam nosso ministério com entusiasmo em sua igreja.
6. Mimi Aguirre servindo de intérprete para Albert em Guayaquil.

FOTOS

7. Nossa filha Esther interpretando Albert para o espanhol, no primeiro seminário no Equador.
8. Quito, Equador. A equipe do seminário de aconselhamento, com Valerio (à direita embaixo), Colin e Annette, Ana María Cárdenas (suéter amarelo).
9. Valerio e Elisabeth recarregando suas energias.
10. Uma intercessão com indígenas do Equador. Colin e Annette Neave, da Escócia, estão conosco.
11. Cair no chão é uma manifestação comum quando o poder de Deus nos toca ou há resistência demoníaca. Base da Jocum, em Santiago, Chile.
12. No final dos anos 1990 (da esquerda para a direita) Dani e Esther Baumgartner, Elisabeth, Lalita e Philip, David e Albert Taylor.

PARA PROVAR E VER

Uma degustação do poder de Deus neste ministério

Aqui há alguns testemunhos que guardamos ao longo dos anos. Os nomes em itálico foram mudados.

Uganda (1989-1992)

Entre os anos de 1989 e 1992, regressamos a Uganda por seis a oito semanas. Naqueles anos, centenas de pessoas foram libertas.

Libertados de rejeição, amargura, medo e inferioridade

"Quando fui salvo, recebi certa cura física também, e fui batizado no Espírito Santo. Minha igreja local me rejeitou quando os compartilhei isso. Hoje fui liberto dessa rejeição. Meu pai e minha mãe foram assassinados. Hoje, glória a Deus, pude libertar-me da amargura e angústia que estavam sepultadas dentro de mim." — *Moisés*

Livre de terríveis dores de cabeça

"Meu testemunho é que, desde que vocês oraram por minhas terríveis dores de cabeça, nunca mais as tive." — *Mary*

Livre de insegurança

"Eu tenho tanta alegria e paz e sei que meu Pai celestial cuida de mim." — *Sara*

Capaz de caminhar outra vez depois de oito anos

"Albert, lembra-se da última mulher, Ida, pela qual oramos antes de deixar a aldeia? Ela tinha febre, e suas pernas e um braço eram paralisados. Tinha também um tumor em seu abdômen. Mas o que quero dizer, é que no dia seguinte ela foi capaz de caminhar por si mesma. Por oito anos estava paralítica e podia somente engatinhar. Como Deus é bom, não é?" — *Lois*

Livre da violência

William havia sido um soldado no Exército da Resistência Nacional desde 1983 a 1989, quando ainda estavam guerreando. Ele testemunhou:

"No passado, eu estava acostumado a ser violento e de coração duro por todos os anos que passei neste monte. O problema seguiu-se ainda depois de ser salvo. Quando o irmão Taylor e outros oraram por mim, fui liberto dos poderes demoníacos. Agora sou um homem livre servindo ao Senhor ".

Chile (1994)

A coluna de uma professora de matemática endireitou-se

"Vim ao seminário porque tinha problemas em minha família. Nunca pensei que eu mesma necessitasse de libertação. Entretanto, quando oramos pela sexta geração, um demônio ancestral causou uma reação em mim, da qual obtive libertação. Cheguei em casa e dormi por dois dias. Quando voltei à faculdade, passei em frente de um espelho grande e, repentinamente, me dei conta de que eu estava caminhando ereta. Antes eu vivia como uma corcunda e caminhava de forma torcida." — *Lilian*

Buenos Aires, Argentina
(1994)

Livre da dor

"Tive uma dor por dois anos e meio em meus ombros e em minha coluna. Perdoei meus ancestrais por seus pecados, os quais me trouxeram essa dor, e ordenei que tudo que estivesse relacionado com bruxaria saísse. Enquanto me despertava pela manhã, comecei a suar, e algo desprendeu-se de mim. Sou livre daquela dor." — *Ricardo*

Equador
(1997)

Livre de ressentimento, amargura, rejeição, autorrejeição e consagração a um ídolo

"Na primeira noite do seminário, o Senhor começou a curar-me do ressentimento, da amargura, rejeição e autorrejeição. Na última noite, algo maravilhoso se passou, quando oramos no que concernia aos 9 meses de gravidez no ventre. Meus pais me rejeitaram, e toda a dor saiu ligeiramente; então fui liberta. O Senhor também me deu uma visão. Eu venho de Cuenca, que é uma cidade muito idólatra. Vi uma Virgem, e juntamente o Senhor me deu o nome da Virgem, e me mostrou que eu havia sido consagrada a ela, mesmo antes de nascer. Pedi à pessoa que estava ao meu lado que me libertasse da atadura imunda. O Senhor começou um trabalho em mim." — *Julia*

Um testemunho recente mais detalhado

Suíça (2007)

Livre da raiva intensa e impureza sexual

Fundo

"Fui criado dentro de uma família cristã. Obedeci desde uma idade prematura, entregando minha vida a Jesus na escola dominical e novamente em acampamentos. Era um cristão ativo e conhecia a Bíblia muito bem. Minha namorada dizia que eu estava impuro e que eu olhava para outras mulheres, mas eu insistia que meu comportamento era parte de uma batalha normal contra a tentação e o pecado. Eu havia consumido pornografia, mas eu insistia que agora estava livre.

O problema

"Depois que nos casamos, as acusações e discussões se intensificaram e às vezes saíam do controle. Tornei-me violento, e ela rancorosa. Até mesmo a agredi quando dirigia na estrada! Os anciãos de nossa igreja investiram centenas de horas tentando ajudar-nos. A situação melhorava aparentemente, mas nunca por muito tempo. As seções de aconselhamento acrescentavam mais discussões que não conduziam a nenhuma parte. Nunca podíamos pôr em prática as mudanças recomendadas.

"Todo esse tempo, eu sabia sobre a libertação, mas nossos líderes da igreja argumentavam contra isso. Eu temia que logo perderia minha fé ou minha mente. Encontrei alguém em quem podia confiar e lhe pedi ajuda.

O problema sai à luz

"Contei-lhe que meus problemas eram a intensa raiva e a impureza sexual. Caminhamos pelos passos de oração, confissão e arrependimento, e juntos levamos as coisas para a cruz. Logo ele começou a ordenar aos espíritos, por vários minutos, que se retirassem, mas nada ocorria. Comecei a sentir-me intranquilo. Então, o ministro pediu ao Espírito Santo que revelasse o impedimento. Imediatamente a palavra "mentira" cruzou-se em minha mente. Frequentemente eu havia mentido para minha esposa para evitar briga. Confessei a mentira e comecei a fazer os passos de oração para lidar com aquele pecado.

O que experimentei durante a libertação

"De repente, um poder forte apoderou-se de mim. Minha língua estava agitando-se como de uma serpente, e eu vibrava como se estivesse sendo eletrocutado, e lancei um gemido igual ao de um monstro perverso. Minha mente estava cheia de raiva e ira intensa. Enquanto olhava para o ministro, um medo profundo me consumia. Tinha perante mim um homem pequeno e bondoso, somente olhando para meus olhos, mas me encontrava absolutamente petrificado. Ele continuou dizendo: "Em nome de Jesus, saia agora, espírito desprezível". O medo, o terror e o tremor cresceram, e saí disparado de minha cadeira; gritando, cobria a cabeça com os braços no chão. O ministro ajoelhou-se e suavemente colocou uma das mãos em meu ombro. Continuou ordenando ao espírito que se fosse. Creio que ele deve ter saído, porque logo senti uma onda de remorso e vergonha. Comecei a soluçar e chorar intensamente, pensando: "Como pude deixar que algo tão desprezível tomasse lugar em minha vida por tanto tempo?".

Jesus perdoa

"Estava envergonhado de ter aborrecido Jesus e minha esposa a tal grau, de tolerar esses espíritos em minha vida e não haver buscado ajuda muito antes. O ministro disse logo: "Jesus já lhe perdoou". A vergonha e o remorso me abandonaram, e meu pranto se tornou em lágrimas de alegria. Senti-me leve e livre, e comecei a rir.

Um novo tipo de paz

"Sinto-me no controle de minhas emoções, em vez de ser controlado por elas, e os antigos pensamentos estranhos, destrutivos e desagradáveis pararam de surgir em minha mente. Muitas pessoas argumentam que a libertação pode acontecer sem manifestações. De minha parte, estou agradecido de ter experimentado a força e a realidade do mundo espiritual. É uma advertência severa para mim e será para sempre uma lembrança de manter-me puro e santo."

Marco (nome modificado)

A MINISTRAÇÃO SE EXPANDE

Ana María Cárdenas foi nossa intérprete por muitos anos em Quito, Equador. Logo ela mesma começou a ministrar. Mais tarde, foi nomeada pastora de uma grande igreja evangélica, chamada Iñaquito, e hoje treina muitos outros ministros. **Ela escreveu no dia 10 de fevereiro de 2007.**

"Queridos Albert e Elisabeth:

"Atualmente estou dando um curso sobre cura interior e libertação em minha igreja local para quarenta e cinco homens e mulheres. Estamos ensinando-lhes os quatro passos e aplicando nas diferentes áreas de sua vida. Desejaria que pudessem observar como é emocionante ver essas pessoas experimentarem sua libertação, para logo ensinar em suas células.

"Realizamos um retiro de cura interior e libertação no dia 11 de fevereiro. Tivemos 18 pessoas. Fizemos os quatro passos com eles por meio de Gálatas 5 e Romanos 2; também abrangemos as heranças impuras. Oramos por cura interior, e muitos foram batizados no Espírito Santo.

"Vejo resultados mais acentuados na ministração pessoal, particularmente nas mulheres que experimentaram tal sofrimento de abuso, que somente Jesus pode curar. Obrigada novamente, por ter me instruído em como treinar novos conselheiros 'na tarefa'. Estou fazendo ministração junto com uma aprendiza, Ruth, para que haja um efeito de multiplicação. Ela veio até mim depois de um serviço. Estava em adultério, separada de seu esposo e sob fortes ataduras de controle com sua mãe. Foi libertada de um demônio de Jezabel, adultério e ataduras pecaminosas. Ela aceitou Jesus como Senhor e recebeu a profunda cura de uma infância tormentosa. Pedimos a Jesus que viesse, e ele restaurou sua alegria.

"A cura de Luciana e de suas duas filhas é incrível. Essa mãe levou sua filha maior de 18 anos para cura interior, como último recurso. Encontrava-se em uma profunda depressão e totalmente desorientada, tudo produto do divórcio de seus pais e de um lar gravemente disfuncional. No meio da conversação, as três receberam Jesus como Senhor e tiveram uma cura poderosa e libertação. Logo se reconciliaram entre elas. A mais jovem (9), depois de ter recebido Jesus, foi batizada no Espírito Santo e teve uma experiência incrível com o Senhor, por uma hora. Orlando e eu observávamos e somente chorávamos ao ver como ela adorava o Senhor em espírito.

"Hanna, uma mulher católica, entregou-se ao Senhor, e foi liberta de práticas ocultas, depois de receber cura profunda. Na semana passada, tivemos oito pessoas que entregaram-se a Jesus, e foram cheias do Espírito Santo. Estamos comprometidos a discipular esses novos crentes. Temos visto também três casamentos restaurados por meio do aconselhamento e cura interior.

Ana María."

TESTEMUNHO DE CONSELHEIROS E MINISTROS

De Dani e Esther Baumgartner, de Salta, norte da Argentina

"Susana tinha três tipos de câncer: no ovário, nas trompas de Falópio e no útero. Enquanto falávamos com ela, descobrimos que havia sido abusada sexualmente. O Espírito Santo limpou seus sentimentos de sujeira e culpa, e assim ela pôde perdoar o homem que abusou dela. Também conseguiu aceitar seu corpo outra vez, o qual havia rejeitado por consequência do abuso. Depois da cura, oramos por libertação sobre os três tipos de câncer que haviam entrado nela. No dia seguinte, teve uma consulta médica, preparando-se para a operação por meio da qual seu útero seria retirado. Incrivelmente, os três tipos de câncer desapareceram completamente."

David Wakumire, nosso contato em Uganda, escreveu no dia 10 de abril de 2007:

"Queridos Albert e Elisabeth:

"Depois que se foram em julho de 2003, o rev. Patrick Situuma, da Catedral de Mbale, e eu estivemos organizando seminários de cura interior e libertação em várias igrejas.

"Agora integramos esse ensinamento nas conferências de renovação nas reuniões de oração. Isso é necessário na igreja e nas comunidades rurais, e agora temos muitas histórias de libertação de nossos ministros. Minha esposa, Edith, e eu temos ensinado o tema em seminários matrimoniais intitulados: 'A família Africana', nos quais abordamos o relevante conteúdo: 'A Cultura e as Crenças Africanas'. Ali exploramos a adoração aos demônios ancestrais, a bruxaria e maldições e a guerra espiritual [...]. Acho que os conteúdos de seu material são incomparáveis!"

MINISTRANDO ABAIXO DA SUPERFÍCIE

Provando o poder de Deus por meio da leitura de nosso material anterior

De Arphaxad, o vigário da Catedral de St. Andrew, Mbale, Uganda

"Querido Albert:

"Agradeço ao Senhor por sua presença em Mbale entre os dias 21 e 26 de julho de 2003. Por causa da malária, não pude assistir a suas seções no Centro Comunitário de St. Andrew, mas depois obtive uma cópia do Manual de Terapia Cristocêntrica em Cura Interior e Libertação [...].

Sofri pancadas atrás de pancadas, e por meio de seu livro recebi muita cura do Senhor. Também devo acrescentar que sua vinda deixou grande impacto na vida de nosso pessoal na Catedral de St. Andrew, e creio que irá se expandir a outros. Somente oro para que o Senhor o mantenha protegido em seu Espírito. Se você se lembrar do vigário de St. Andrew, lembre-se também que você realizou para com ele uma das maiores ministrações."

DECLARAÇÃO DE FÉ

O fundamento de nossa crença e ensino

Cremos em um só Deus, Criador do céu e da terra, sendo Deus Pai, Deus Filho e Deus Espírito Santo.

Cremos que toda a Escritura é inspirada por Deus e útil para ensinar e treinar em retidão (2Timóteo 3.16).

Por causa da queda de Adão, todo homem foi separado de Deus (Romanos 3.23), e o mundo inteiro reside sob o poder do Maligno (1João 5.19).

Deus Filho veio à terra como ser humano perfeito, Jesus Cristo.

Nasceu neste mundo de uma virgem, por meio do Espírito Santo (Lucas 1.27-31). Sempre fez a vontade de seu Pai ao estar em contato com ele (João 5.19 e 6.38). Dedicou-se a curar enfermos e fazer o bem (v. os Evangelhos).

Morreu em nosso lugar, na cruz, para quebrar o poder de Satanás, do pecado e da enfermidade.

Ressurgiu dos mortos e está assentado à destra de Deus Pai (1Pedro 3.21,22). Virá novamente para julgar todo homem.

É o atuar do Espírito Santo que nos conduz ao arrependimento e à fé em Jesus Cristo. Ele nos foi dado para viver em nós, guiar-nos e dirigir-nos.

No Pentecoste, o Espírito Santo foi derramado para fazer dos discípulos testemunhas efetivas.

O mesmo Espírito Santo está disponível para capacitar-nos, a fim de realizar o mesmo trabalho que os discípulos: ser testemunhas de Jesus Cristo, curar os enfermos e expulsar os demônios. Dependemos do Espírito Santo para que trabalhe por meio de nós.

Cremos que é responsabilidade do ser humano responder ao trabalho do Espírito Santo:
- vindo a Jesus em confissão, arrependimento e fé.
- rendendo sua vida e submetê-la ao governo de Jesus Cristo.
- permitindo ao Espírito Santo que viva nele e trabalhe por meio dele.

SETE PASSOS PARA A VIDA CRISTÃ

1	ACEITE	**A**ceite que você é pecador e que seu pecado o separa de Deus.
2	CREIA	**C**reia que Jesus tomou na cruz o castigo por seus pecados e que se ressuscitou dos mortos e vive no céu.
3	CONFESSE E MUDE	**C**onfesse seus pecados, arrependa-se deles e peça perdão. Considere a importância de obedecer a Jesus Cristo em tudo, tornando-o Senhor de sua vida.
4	PEÇA A JESUS	**P**eça a Jesus Cristo que seja seu Salvador e Senhor. Convide-o a entrar em sua vida, o encher do Espírito Santo e revelar Deus como seu Pai celestial.
5	COMA E ESPERE	**C**ada dia, leia a Bíblia e espere que o Senhor trabalhe em você.
6	COMUNHÃO	**E**ncontre outros cristãos que creiam na Bíblia e louvem e sirvam ao Senhor.
7	OBTENHA E ENTREGUE	**O**btenha cura interior e libertação. Entregue-se espiritualmente e materialmente, ajudando a outros.

1	Romanos 3.23: "[...] pois todos pecaram e estão destituídos da glória de Deus [...]". Romanos 6.23: "[...] o salário do pecado é a morte [...]" (separação de Deus).
2	1Pedro 2.24: "Ele mesmo levou em seu corpo os nossos pecados sobre o madeiro [...]." 1Pedro 3.18: "Pois também Cristo sofreu pelos pecados uma vez por todas, o justo pelos injustos, para conduzir-nos a Deus [...]". 1Pedro 3.21,22: "[...] por meio da ressurreição de Jesus Cristo, que subiu ao céu e está à direita de Deus [...]".
3	Lucas 13.3 "se não se arrependerem, todos vocês também perecerão". Atos 2.38: "[...] Arrependam-se, e cada um de vocês seja batizado em nome de Jesus Cristo [...]". Atos 20.21: "[...] eles precisam converter-se a Deus com arrependimento e fé em nosso Senhor Jesus [...]". 2Coríntios 7.10: "A tristeza segundo Deus não produz remorso, mas sim um arrependimento que leva à salvação [...]". 1João 1.9: "Se confessarmos os nossos pecados, ele é fiel e justo para perdoar os nossos pecados e nos purificar de toda injustiça".
4	Apocalipse 3.20: "Eis que estou à porta e bato. Se alguém ouvir a minha voz e abrir a porta, entrarei [...]". João 1.12: "Contudo, aos que o receberam, aos que creram em seu nome, deu-lhes o direito de se tornarem filhos de Deus".
5	João 5.39: "[...] E são as Escrituras que testemunham a meu respeito".
6	Hebreus 10.24,25: "E consideremo-nos uns aos outros para nos incentivarmos ao amor e às boas obras. Não deixemos de reunir-nos como igreja [...] mas procuremos encorajar-nos uns aos outros".
7	Isaías 61.1-4; Lucas 4.14-21: "[...] cuidar dos que estão com o coração quebrantado, anunciar liberdade aos cativos [...]. 4.25—5.21: "deve abandonar [...] toda amargura, indignação e ira [...]". Atos 20.35: "[...] as palavras do próprio Senhor Jesus: 'Há maior felicidade em dar do que em receber' ".

A PATERNIDADE DE DEUS

Algumas imagens erradas de Deus

- O Deus que exige sacrifícios contínuos de coisas materiais para comprar o perdão.
- O Deus que espera castigar nosso corpo para pagar por nossos pecados.
- O Deus serviçal que está ali para nossa conveniência.
- O Deus severo, esperando julgar-nos e castigar-nos por causa dos nossos pecados.
- O tirano, o qual nunca podemos satisfazer com nosso trabalho.
- O Deus que quer tirar a felicidade de nossa vida.
- O Deus distante, ausente, que nunca podemos conhecer.
- O Deus inconfiável e variável, o qual nos faz sentir inseguros.
- O Deus fácil de levar, que nos deixa fazer tudo que queremos.

Essas imagens de Deus podem ser reflexos dos pais terrenos.

A imagem de Deus dada por Jesus Cristo

Ela é diferente de qualquer das imagens anteriores. Jesus Cristo nos mostrou que Deus supera o melhor pai terreno que poderíamos imaginar. Em Lucas 15.11-32, vemos um pai que tem compaixão por seu filho que o feriu, vai até ele e o abraça e beija. Logo faz uma festa para celebrar seu regresso. Por sua vez, ao mais velho que estava servindo a seu pai, quem sabe com atitude equivocada, mais como um escravo do que como um filho, ele disse: "[...] tudo o que tenho é seu".

Em Gálatas 4.6,7, lemos: "E, porque são filhos, Deus enviou o Espírito de seu Filho ao coração de vocês, e ele clama: *Aba*, Pai. Assim, você já não é mais escravo, mas filho; e, por ser filho, Deus também o tornou herdeiro".

Conhecer a verdade de Deus pode mudar nossos pensamentos, nossas atitudes e nossos comportamentos. Jesus disse "E conhecerão a verdade, e a verdade os libertará". Essa verdade nos pode libertar para desfrutarmos de uma relação com Deus como a de um pai com seu filho amado. É uma relação de respeito, sem nenhum tipo de temor equivocado, servindo livremente, tendo como base o amor, não a escravidão; um sentimento de segurança de que nada nos pode separar do amor de Deus e por saber que temos uma morada esperando-nos no céu.

Aqueles que experimentaram uma rejeição profunda ou abandono por parte de seu pai podem necessitar de ministração para remover os obstáculos que os impeçam de desfrutar a relação que Deus quer ter com eles. Isso está explicado na seção 2.

REBELIÃO

Definição: A rebelião é estar em oposição a uma autoridade maior, ter um coração orgulhoso, crer que sabe mais, desobedecer, ser teimoso ou corrupto.

Rebelião para com Deus

- Chamado de Estrela da manhã, Satanás foi expulso do céu para a terra por seu orgulho, seu desejo de estar no lugar mais alto e estabelecer seu trono sobre o de Deus (Isaías 14.12-15) Desde então, houve um grande problema no mundo, enquanto Satanás faz guerra contra Deus, sua criação e o seu povo.
- Os primeiros a sofrer foram Adão e Eva, os que desobedeceram ao mandamento de Deus, e foram expulsos de sua presença (Gênesis 3).
- Logo as pessoas da terra se tornaram muito mais corruptas e morreram afogadas no dilúvio, com exceção de Noé e sua família, que obedeceram a Deus (Gênesis 6.5—9.17).
- Os egípcios, que se opunham a Deus e a seu povo, afogaram-se no mar Vermelho (Êxodo 14.23-31).
- O povo de Israel se queixou no deserto, e muitos nunca entraram na terra prometida. Em Números 16, Coré e 250 homens morreram por sua rebelião, e depois disso, no mesmo capítulo, 14.700 homens morreram pela praga, porque se rebelaram contra Moisés, o líder eleito pelo Senhor. Em Números 21.4-9, o povo de Israel se queixou contra Deus e Moisés. O Senhor mandou serpentes venenosas, e muitos foram picados e morreram.
Pela imoralidade e idolatria, 24.000 morreram por outra praga (Números 25.1-9).

- Moisés e Arão se rebelaram contra Deus em Meribá. Nenhum deles chegou à terra prometida (Números 20.22-29; Deuteronômio 32.48-52).
- Acã desobedeceu a Deus, e foi morto junto com toda a sua família (Josué 7.19-26).
- O rei Saul se rebelou contra Deus e perdeu seu reinado (1Samuel 15.23).
- Estêvão, em seu discurso, dirigiu-se aos judeus como "Povo rebelde, obstinado de coração e de ouvidos! Vocês são iguais aos seus antepassados: sempre resistem ao Espírito Santo" (Atos 7.51).
- Todos pecamos contra Deus e merecemos morrer (Romanos 3.23; Romanos 6.23).
- Hebreus 3.7—4.1: adverte-nos de não rebelar-nos contra Deus, endurecendo nosso coração.
- A rebelião contra Deus leva a rebelião contra outros. Somos rebeldes com os outros quando sentimos que não nos dão o respeito que deveriam dar, quando não podemos fazer as coisas da nossa maneira. Normalmente, há feridas apegadas à rebelião.

ARREPENDIMENTO E CONFISSÃO

- O verdadeiro arrependimento consiste em entender que meus pensamentos, crenças, atitudes e ações foram contrários a Deus e na disposição mudar e permitir que Deus e o Espírito Santo tomem a direção de minha vida, para que eu possa viver em obediência às leis de Deus.
- João Batista e Jesus pregaram sobre o arrependimento: "Arrependam-se, e sejam batizados". O batismo (imersão) significa purificação e, mais precisamente, a morte da velha, natureza e a ressurreição como uma nova pessoa (Mateus 4.17; Marcos 1.14,15).
- Pedro começa em Atos 2.38 com a mesma mensagem.
- Em Lucas 15.11-31, o filho que foi para muito longe de seu pai decide voltar para casa. Ele se levanta, abandona sua maneira de viver e regressa à casa paterna.
- Porque todos os pecados trazem dor ao coração de Deus e das pessoas, o verdadeiro arrependimento vem acompanhado de dor (2Coríntios 7.9,10).
- Ao entender que meus pecados cravaram Jesus na cruz, quero odiar o pecado e determinar em minha mente abandoná-lo.

A confissão é uma parte vital do arrependimento

- Confissão é admitir minha culpa com toda a honestidade, sem desculpas.
- A confissão deve ser feita àquelas pessoas a quem ofendemos ou ferimos.
- Nosso mal é sempre contra Deus. A Bíblia o chama de pecado. Leia Salmos 51.4; 32.1-5. A confissão é primeiramente feita perante Deus.
- Quedas não confessadas ou pecados estorvam a obra de Deus em nossa vida, e também bloqueiam nosso contato com os outros. Em Josué 7.19, Acã estava escondendo seu pecado de Josué.

- Somente uma confissão honesta leva ao perdão dos pecados (1João 1.9).
- Podemos confessar um pecado tão rápido quanto nos dermos conta disso e clamarmos pela promessa do perdão. Viver em perdão é o segredo de uma vida cristã.
- Quando falhamos com os outros, necessitamos ir até eles e confessar. A confissão pública é somente apropriada quando nossos pecados tornaram-se públicos ou se ofendemos um grupo de pessoas.
- Quando há uma confissão constante de um mesmo pecado, como no caso de um alcoólatra, pode indicar que o arrependimento não foi genuíno ou que há causas subjacentes que necessitam ser tratadas; por exemplo: a pessoa pode necessitar de cura interior ou libertação de um demônio que a mantém atada.

Arrependimento e libertação

Bill Subritzky, em seu livro *Demônios derrotados*, destaca que o arrependimento é a chave para toda libertação. Onde há falta de arrependimento, a libertação se torna mais difícil, ou pode inclusive ser em vão. Portanto, é importante assegurar-se de que toda pessoa que busca libertação tenha se arrependido de todos os seus pecados (e, se necessário, do pecado dos pais e dos antepassados) renunciado a eles em nome de Jesus.

Arrependimento e restituição

O verdadeiro arrependimento é seguido de restituição. Esta consiste em fazer o que esteja a nosso alcance para corrigir o dano que causamos com nosso pecado. Zaqueu, o cobrador de impostos, é um bom exemplo (Lucas 19.8).

A lástima, o remorso e o arrependimento

A lástima é o sentimento de não ter feito algo. O remorso é um sentimento forte de lástima e culpa sobre algo errado que fizemos com outra pessoa. A lástima e o remorso não necessariamente conduzem ao arrependimento. Judas sentiu remorso por haver traído Jesus, mas depois foi e se enforcou (Mateus 27.3-5). Pedro, por outro lado, arrependeu-se e voltou para o Senhor (Mateus 26.75; João 21.15-18).

A confissão pode significar proclamação

A confissão também pode significar testificar acerca do que Deus fez por nós. A Bíblia nos anima a fazer isso. Salmos 107.2 diz: "Assim o digam os que o SENHOR resgatou [...]". A confissão selará nossa salvação. Romanos 10.10 diz: "Pois com o coração se crê para justiça, e com a boca se confessa para salvação". Nossa confissão é também uma declaração de que Jesus Cristo é o Senhor, como está escrito em Filipenses 2.11: "E toda língua confesse que Jesus Cristo é o Senhor, para a glória de Deus Pai".

REJEIÇÃO

A rejeição é o sentimento de não sermos valorizados, queridos, valorizados, amados. A rejeição chega a todos nós. Toma muitas formas. Pode vir por meio de palavras que doem, de cartas de recusa na solicitação de um trabalho ou por meio de atitudes de rejeição, em que alguém pode se sentir excluído ou ignorado, ou por meio de ações, como tentar um aborto, ou da traição de um dos cônjuges.

A dor da rejeição produz diferentes reações em nós

Reações fortes	Reações fracas
Rebelião	Afastamento
Ressentimento	Autocompaixão
Amargura	Solidão
Ódio	Depressão
Violência e raiva	Desespero
Assassinato	Suicídio

Podemos ter reações fortes ou reações fracas, ou ambas. Qualquer desses sentimentos pode abrir uma porta a um demônio que logo quer nos manipular. Frequentemente, as pessoas combatem esses sentimentos por meio de álcool, drogas, comer compulsivamente, fumar, sexo e fantasias.

Localizando a rejeição

Todo mundo sofre a rejeição de diferentes maneiras. Entretanto, a rejeição pode tornar-se uma das feridas mais sérias na vida de uma pessoa. Rejeições profundas repetitivas podem deixar marcas devastadoras.

a) Rejeição no ventre e no nascimento

Às vezes, um pai ou uma mãe rejeitam uma gravidez que veio inesperadamente, ou fora do casamento. Se o casal não se encontra estável, ou está atravessando um divórcio durante a gravidez, e se há uma tentativa de aborto, o bebê, mesmo que ainda não tenha nascido, pode sentir a rejeição.

b) Rejeição durante a infância

Alguns bebês e crianças pequenas passam muito tempo sem sua mãe e seu pai. Alguns são dados para adoção, e outros são deixados nas ruas. O fato de os filhos não serem abraçados e amados ou de seus pais nunca estarem satisfeitos com o desempenho deles ou com seus dons, ou a ausência dos pais, crianças castigadas ou criticadas frequentemente, são formas de rejeição. Os professores podem rir dessas crianças ou ignorá-las. O fato de uma criança ser deixada em frente da televisão por horas, ou com outras pessoas, quando necessitava da mãe, mandada para um orfanato ou uma escola em regime de internato, podem ter sérias consequências.

c) Rejeição da parte do casal ou dos amigos

A rejeição de um namorado ou namorada durante o namoro, ou de um esposo ou esposa, saindo-se com outra pessoa, pode conduzir a feridas muito profundas.

d) Rejeição em um trabalho

Muitas pessoas são rejeitadas quando solicitam um trabalho; isso é normal. Entretanto, ser rejeitado no trabalho que uma pessoa está realizando pode ser muito doloroso.

e) Rejeição da parte da sociedade

Qualquer grupo de pessoas pode sofrer rejeição de outro grupo.

Quatro tipos de rejeição:

1. Rejeição de outros
2. Medo da rejeição
3. Rejeição a outros
4. Autorrejeição

Como lidar com a rejeição

1. Reconheça a ferida. Não a negue.
2. Entregue suas feridas a Jesus Cristo (veja a ilustração na seção 1, capítulo 3).
3. Perdoe àqueles que o prejudicaram.
4. Peça perdão por suas reações incorretas.
5. Abençoe a(s) pessoa(s) em nome de Jesus.
6. Obtenha libertação, se a rejeição deu lugar a demônios.
(Veja a seção 1, capítulo 3, e a seção 2 para mais detalhes.)

A rejeição que Jesus sofreu

Jesus foi rejeitado pelas pessoas religiosas em cada instante de sua vida. Herodes queria matá-lo quando criança, e seus pais tiveram que fugir para o Egito. Cada vez que Jesus fazia um milagre, os religiosos riam-se ou queriam matá-lo. Foi crucificado porque proclamava ser Filho de Deus. Na cruz, o Pai o abandonou brevemente, do nosso pecado que Cristo carregava. Para mais estudos, veja Isaías 53.1-12.

O SANGUE E O NOME DE JESUS CRISTO

Por que usamos o sangue de Jesus Cristo nos quatro passos de libertação?

O total significado do sangue de Cristo, somente pode ser entendido por meio de um estudo completo do Antigo Testamento, o pacto de sangue que Deus fez e o significado dos sacrifícios. Sem dúvida, há aqui algumas referências bíblicas-chave. Em João 1.29, Jesus é o Cordeiro de Deus que tira o pecado do mundo. Apocalipse 5.6,9 fala do Cordeiro que foi sacrificado, mas que agora encontra-se sentado no céu. Apocalipse 12.11 diz que os remidos venceram o acusador pelo sangue do Cordeiro. Os demônios odeiam o sangue de Jesus Cristo porque significa derrota para eles. Na cruz, Jesus Cristo derramou seu sangue para o perdão de nossos pecados e para trazer-nos a seu reino.

Por que usamos o nome de Jesus nesses quatro passos?

O significado de um nome

O nome representa o caráter e a autoridade de uma pessoa. Uma pessoa, frequentemente, titula seu negócio com o seu nome. Dizemos que uma pessoa tem um nome bom ou um nome mau, ou seja, um bom ou mau caráter.

O nome de Jesus

Deus deu a seu Filho, o nome que está acima de todo nome (Filipenses 2.9), por sua obediência até a morte. Filipenses 2.10 diz:

"para que ao nome de Jesus se dobre todo joelho nos céus, na terra e debaixo da terra". Isso significa que tudo estará submetido a ele. As multidões, em Apocalipse 19.16, proclamam: "Em seu manto e em sua coxa está escrito este nome: REI DOS REIS E SENHOR DOS SENHORES".

Um nome para salvar

O anjo disse a José, em Mateus 1.21, que pusesse o nome Jesus no bebê, "porque ele salvará o seu povo dos de seus pecados". Em Atos 4.12, Pedro diz: Não há salvação em nenhum outro, pois, debaixo do céu há nenhum outro nome, dado aos homens pelo qual devamos ser salvos". Paulo, em Romanos 10.13, e Pedro, em Atos 2.21, dizem que todo aquele que invocar o nome do Senhor será salvo.

Um nome de poder

Pedro disse ao homem inválido, em Atos 3.6: "[...] Em nome de Jesus Cristo, o Nazareno, ande e o homem começou a caminhar. Em João 17.11, Jesus ora pelos discípulos: "Pai Santo, protege-os em teu nome, o nome que me deste [...]".

Um nome de autoridade

Jesus disse, em Marcos 16.17: "[...] em meu nome expulsarão demônios [...]".

Jesus também declarou, em João 14.14: "O que vocês pedirem em meu nome, farei". É como se Jesus Cristo nos tivesse entregado um cheque assinado com seu nome para ir cobrá-lo no banco do céu, ou cartão de crédito, com a senha, para o utilizarmos.

PARA QUEM É A LIBERTAÇÃO?

Para esclarecer quando a libertação é apropriada e trabalhosa

A libertação é para os que estão desesperados. Há necessidade de arrependimento de todo o coração por parte daquele que permitiu que os demônios entrassem e desejar ser libertos, custe o que custar. Entretanto a libertação não é a resposta para cada apuro ou problema em nossa vida.

A libertação não é desfazer-se do que nos causa problemas, a fim de ter uma vida menos complicada ou sermos bem-sucedidos. Se o fizermos por motivos egoístas, não irá funcionar. Tampouco, não funcionará, se não estivermos convencidos ou se não houver necessidade da libertação. Jesus mesmo disse que aqueles que tomam o reino de Deus devem fazê-lo pela força. Não cairá em nosso colo.

A libertação não tem muito a ver conosco, mas com Cristo. Da mesma forma que uma noiva se prepara para o dia de seu casamento, para encontrar-se com o noivo, assim devemos nos preparar para nosso encontro com Jesus Cristo. Em Apocalipse 21.9, lemos sobre a noiva, a esposa do Cordeiro. Esta noiva são "aqueles lavam as suas vestes" (Apocalipse 22.14) e "cujos nomes estão escritos no livro da vida do Cordeiro" (Apocalipse 21.27).

Segunda Pedro 3.14 diz: [...] enquanto esperam estas coisas, empenhem-se para serem encontrados por ele em paz, imaculados e inculpáveis". Paulo diz, em Efésios 4.31: "Livrem-se de toda amargura, indignação e ira, gritaria, calúnia, bem como de toda maldade". E escreve em Filipenses 2.12: "[...] ponham em ação a salvação de vocês com temor e tremor [...]".

Jesus Cristo fez tudo para salvar-nos. Mas é nossa responsabilidade apropriar-nos de tudo o que ele tem para nós. É também nossa responsabilidade ler a Bíblia, orar, arrependermos e mudar nossos padrões de comportamento e pensamento. Se por esses meios não pudermos chegar a uma mudança em uma área específica, pode ser que necessitemos de libertação. É nossa responsabilidade buscar a libertação para estarmos limpos e preparados para o noivo.

As crianças e a libertação

Em Marcos 9.14-27, Jesus fez libertação em uma criança que tinha dificuldades desde pequena. Isso mostra que algumas crianças podem necessitar e de libertação e obtê-la. Já experimentamos como as crianças têm libertação.

Pode ser útil não falar diretamente de demônios ou do sangue de Jesus com uma criança muito pequena. Em vez disso, peça para a criança simplesmente dizer: "Digo a esta coisa asquerosa em minha vida que se vá em nome de Jesus".

AUTOLIBERTAÇÃO

O guia passo a passo para cura interior e libertação deveria facilitar que se experimente cura e libertação estando sozinhos com o Senhor. Não nos cabe duvidar quando uma pessoa cuidadosamente busca o Senhor para que o Senhor se revele em seu coração, podendo chegar a real discernimento, luz e a um arrependimento profundo que conduzam à cura e à libertação. Muitas pessoas encontram-se isoladas de outros cristãos e somente têm essa opção. Mas, se tiver outros cristãos disponíveis, deveríamos considerar nossos motivos. Geralmente não queremos que ninguém conheça a verdade sobre nossa vida passada ou presente. Mas uma pessoa cheia do Espírito Santo, que tem experiência em cura interior e libertação, e é usada pelo Senhor sob o poder do Espírito Santo, pode ser de grande ajuda em discernir nossa necessidade e libertar-nos.

Muitas pessoas testificaram que começaram a se tornar conscientes de coisas em sua vida que as estavam detendo de crer em Jesus Cristo somente quando vieram a nosso seminário

Possíveis obstáculos na autolibertação

1. A força do demônio

Se há algum indício de que o demônio é demasiadamente forte para que façamos autolibertação, devemos pedir ajuda.

2. A falsidade e a dureza do coração

- A Bíblia diz que nosso coração é enganoso (Jeremias 17.9). Portanto, podemos ter uma imagem equivocada de nós mesmos. Pode ser que não estejamos enfrentando o verdadeiro problema.

- Nosso coração se endurece cada vez que ouvimos a verdade e não a pomos em prática.
- Somente uma atitude de arrependimento mantém nosso coração brando (cf. Hebreus 3.8,10).

3. A amargura, o ressentimento, o ódio e a falta de perdão

Podemos ser facilmente enganados em pensar que não temos amargura. Uma raiz de amargura pode brotar de repente. Pode ser que não sintamos amargura por não a reconhecermos. Pensamentos negativos, comentários sobre outros ou ações e atitudes que carecem de amor indicam a presença de um espírito, seja de falta de perdão, seja de raiva, ódio ou amargura. Isso contamina sucessivamente outros.

É como a erva: aparece, produz flores, que logo se tornam sementes. Quando as sementes caem na terra, crescem outras ervas novas.

Para estudar: Efésios 4.31; 1João 1.5-10; Tiago 5.16

USO DE SÍMBOLOS NA MINISTRAÇÃO

A Bíblia está cheia de símbolos. Objetos físicos do dia a dia podem ter um significado espiritual ou simbolizar alguma decisão que tomamos. Por exemplo, a água do batismo ou ceia do Senhor. Neste caso, o vinho ou o suco de uva e o pão são símbolos do sangue e corpo de Jesus.

Muitos cristãos têm repugnância "saudável" ao uso de símbolos dentro da ministração. Depois de um assunto espiritual, necessita-se de uma solução espiritual. A libertação depende da preparação e decisão da pessoa e da declaração da obra de Cristo na cruz.

Entretanto, existe um símbolo bíblico ou sacramento que somos especialmente instruídos a usar, quando oramos e curamos. Leia Tiago 5.14.

A unção com azeite

Os demônios entendem o simbolismo do azeite como está escrito em Tiago 5.14 e o odeiam. Entretanto, não dizemos que não se pode expulsar demônio sem azeite. Quando ungir com azeite, tenha cuidado de não derramá-lo na roupa ou deixá-lo correr nos olhos. Podemos ter o azeite em uma pequena jarra ou garrafa.

Você pode dizer: *"Eu consagro este azeite para cura e libertação em nome de Deus Pai, Deus Filho e Deus Espírito Santo"*.

Logo você poderá untar seus dedos com uma pequena quantidade e fazer um sinal em forma de cruz lentamente na frente da pessoa, dizendo: *"Estou ungindo-o com azeite para a cura e libertação em nome de Deus Pai, que o ama e enviou seu Filho Jesus Cristo para* *morrer na cruz por você (*lentamente, siga fazendo o sinal em forma de cruz com mais azeite*), aquele veio para curar toda doença e enfermidade entre as pessoas e libertar todo que estiver oprimido pelo Diabo".* Quando chegar a esse ponto, você pode sentir de repente que os demônios começam a manifestar na cabeça da pessoa, às vezes muito forte. Continue: *"Espírito Santo, pedimos que venha com poder sobre (o nome da pessoa)".*

Você poderá repetir isso muitas vezes durante a ministração, especialmente se perceber que os demônios reagem mediante essas palavras.

MINISTRANDO CURA FÍSICA

Deus quer que as pessoas se curem e requer nosso envolvimento no processo de cura

Por que necessitamos ser parte?

Enquanto o poder de cura vem do Espírito Santo, temos um papel importante a desempenhar. Jesus falou a seus discípulos que deveriam ir e curar os enfermos. Atos 10.38 nos diz como Deus ungiu Jesus de Nazaré com o Espírito Santo e com poder e como ele fazendo o bem e curando todo que estivesse sob o poder do Diabo, porque Deus estava com ele.

Jesus nos mostrou que Deus, basicamente, quer que sejamos curados. Há uma distinção entre o que Deus quer para todo homem e o que sucede, ou seja, a vontade de Deus é que todo homem seja salvo, como lemos em 1Timóteo 2.3,4 e 2Pedro 3.9, mas nem todos os homens são salvos. Então, por que culpar Deus quando algumas pessoas não são curadas?

Devemos continuar tratando de ajudar-lhes e descobrir a causa que as impede de ser salvas ou que pode estar impedindo-as de serem curadas no espírito, na alma e no corpo.

A falta de perdão ou o envolvimento com o oculto, por exemplo, pode ser um grande obstáculo para receber cura.

Equipar-se para orar pelos enfermos

Devemos orar pelas seguintes qualidades e atitudes:

1. **A compaixão de Cristo. Marcos 1.40-42**

2. **A fé de que Deus pode curar mesmo hoje em dia, por intervenção direta**
   Em Gálatas 3.5, Paulo escreve: "Aquele que lhes dá o seu Espírito e opera milagres entre vocês realiza essas coisas pela prática da Lei ou pela fé com a qual receberam a palavra?". Devemos construir nossa fé e superar os obstáculos que nos impedem de crer que Deus pode curar de forma direta.
   Alguns obstáculos a superar:
   - Existem ideias errôneas de que Deus somente usa os doutores em nossos dias e que a cura aconteceu depois de Atos dos Apóstolos, quando a Igreja foi levantada. Conquanto possamos agradecer a Deus pelos médicos, a até mesmo consultar-nos com eles, essa não é a única forma que Deus tem para curar realmente.
   - Muitos sofrem do ponto de vista do mundo ocidental, achando muito difícil crer que existe um Deus ou, se creem, não aceitam que esse Deus possa intervir em nosso mundo de maneira sobrenatural. Pessoas em alguns países podem constatar que se torna mais fácil a curar, porque estão mais abertas à obra sobrenatural de Deus.
   - Pode ser que haja uma confusão entre a enfermidade e o sofrimento. Tiago 5.13,14 diz: "Entre vocês há alguém que está sofrendo? Que ele ore. [...] Entre vocês há alguém que está doente? Que ele mande chamar os presbíteros da igreja" (pare que se cure) (para que se cure).
   - A ideia de que Deus quer nos abençoar por meio da enfermidade.
   Não existe na Bíblia nenhum "enfermo bem-aventurado", e Jesus nunca disse a ninguém que conserve sua enfermidade, senão que a viu como proveniente de Satanás. Deus pode ajudar-nos a obter o melhor de cada situação, assim como da enfermidade, mas isso não quer dizer necessariamente

que ele deseja que estejamos enfermos ou que nos tenha causado a enfermidade.
- O espinho na carne de Paulo.
Uma doutrina se estabeleceu de que isso era uma enfermidade. Entretanto, habitualmente no Antigo Testamento, um "espinho na carne" se referia a pessoas que causavam problemas. Paulo pode ter se referido a todos os problemas que atravessou ou as pessoas que trouxeram problemas. Mas, supondo que se tratara uma enfermidade, poucas pessoas viveram e fizeram o que Paulo realizou com Deus, de modo que não necessitariam de um espinho na carne para que se conservassem humildes!
- Nossas experiências passadas.
Quando alguém não recebeu cura, nossa fé pode diminuir.

3. **Uma preparação para deixar que Deus nos use**
Não devemos pensar que a cura é realizada somente por meio de pessoas especiais. Atos 6.8, Estêvão; Atos 8.6, Filipe; Gálatas 3.5: "[...] milagres entre vocês".

4. **Um desejo de buscar o Espírito Santo e seu poder**
Jesus começou seu ministério de cura logo que o Espírito Santo desceu sobre ele como pomba, no rio Jordão, e depois de ser provado no deserto (Lucas 3.21-23; 4.1,14,18; 1Coríntios 2).

5. **Aprender como orar pelos enfermos**
Os discípulos aprenderam a ver Jesus fazendo. Podemos aprender da experiência de outros ministros mais capacitados e por meio de ler e observar. Existem muitos livros bons, disponíveis.

6. **Estar relaxados se a cura não sai como esperamos**
O Reino de Deus não se revelou em sua totalidade ainda. Não temos de estar preocupados sobre nossa reputação ou a reputação de Deus. Além disso, nem toda cura é imediata, e podemos tornar a ministrar. Deve haver uma chave que ainda não tenha sido descoberta. Às vezes, uma pessoa deve

ser encharcada por horas em oração de cura, como descreve Francis MacNutt.

7. **Não temer às reações de outros**
   Alguns podem considerar-nos fanáticos ou estranhos. Não se preocupe; lembre-se de que as pessoas disseram que Jesus estava possesso por demônios (João 8.48).

8. **Sabedoria**
   Devemos recomendar às pessoas que consultem seu médico antes de parar de tomar qualquer remédio.

ORIGINAIS PARA FOTOCOPIAR

Não escreva nas páginas seguintes. Faça cópias para você e aqueles que estão ajudando.

Listas de revisão e questionários

- Progresso na ministração
- Questionário de dificuldades
- Lista de revisão das áreas onde haja problemas
- Cura interior e resumo de libertação

Resumo de passos para entregar às pessoas

Cada original proporcionará muitas cópias de cada resumo de ministração.

- Pecados x 3
- Feridas x 3
- Libertação x 4

PROGRESSO NO MINISTÉRIO

1. **Conversão**
   Tornar a nascer e ter uma relação com Deus
2. **Ser cheio do Espírito Santo**
   Para ter poder para a vida diária e o fruto do Espírito Santo.
3. **Confissão e arrependimento** sobre um pecado
   A necessidade para segurança do perdão; perdoar a outros/eles mesmos; deixar ir a amargura, o ressentimento etc...
4. **A cura das lembranças dolorosas e feridas**
   Tratar com a rejeição e a amargura; experimentar pessoalmente o amor de Deus Pai
5. **Libertação de demônios**
6. **Lidar com pecados relacionados às gerações**: influências familiares, ataduras da alma, dominação, maldições etc...
7. **Ministração para cura física**
8. **O ensinamento correto da Bíblia**
9. **Mudança de estilo de vida:** pensamentos, palavras, confissão positiva
10. **Exercício físico, medicina** etc...
11. **Amor da parte de outras pessoas**
12. **Material de ajuda**
13. **Ajuda da parte de alguém mais experiente, se for necessário**

QUESTIONÁRIO DE SITUAÇÕES

Encontrando a causa do problema

1. **Área de necessidades práticas**
   Trabalho regular?
   Problemas econômicos, dívidas ou responsabilidades que resultam em sobrecarga? Amigos verdadeiros e uma rede social? Sentir-se valioso e apreciado no trabalho, particular e socialmente?
   Ter um companheiro do sexo oposto? É uma relação positiva de acordo com o coração de Deus? Problemas de idioma ou comunicação que impedem o trabalho e os relacionamentos?

2. **Área de pecados**
   Você sabe que seus pecados estão perdoados? Você tem certeza da vida eterna?
   Quando e como Cristo entrou em sua vida?
   Que experiência você tem com o Espírito Santo?
   Você ora e lê a Bíblia diariamente?
   Você obedece a Deus quando ele lhe mostra algo?
   Há alguém a quem você deve perdoar?
   Você tem problemas com raiva, ressentimento ou amargura?
   Você luta com reações incorretas ao pecado dos outros?
   Existem pecados dos quais você está e não quer realmente libertar-se?
   Existem coisas que você faz e não quer que ninguém saiba?

3. Área das feridas

Família e nascimento

>Seu nascimento foi normal?
>Seus pais estavam casados? Você foi um filho desejado?
>Você foi adotado?
>Qual é a fé que seus pais seguem? Como foi seu relacionamento com seu pai?
>Você se sentiu rejeitado por algum membro da família?
>Houve brigas constantes ou qualquer tipo de abuso na sua casa?
>Você sofreu algum trauma, enfermidade ou acidente?
>Houve a morte de alguém perto ou de algum animal de estimação? Ou uma tragédia familiar? Ex., um divórcio...

Sua adolescência

>Com que dificuldades especiais você deparou durante sua adolescência?
>Ex., pressão de seus pais, estudos, amizades, rejeição, relações sexuais, violação

Problemas atuais

>Você se sente extremamente cansado?
>Você sente solidão, depressão ou vontade de suicidar-se?
>Você tem problemas com o sexo oposto? Você tem alguma enfermidade física? Tem medo do futuro?
>Você está satisfeito com seu peso? Você tem uma desordem em sua alimentação?
>Você é viciado em algo? Ex., cigarro, drogas, surfar etc.
>Você tem problemas com pornografia?

O medo controla você?
Você é muito sensível? Fica com raiva ou chora facilmente quando surgem certos temas?

Seu casamento

Você se sente rejeitado por seu cônjuge? Há violência ou medo em seu lar?
Você tem relações fora do casamento?
Você tem algum problema familiar? Ex., com os sogros.

4. **Área de pecados espirituais e pontos de entrada**
Sua família, você ou seus ancestrais estiveram envolvidos nas seguintes coisas?
Ocultismo
Bruxaria
Horóscopo
Cartas de tarô
Balanço do pêndulo
Tabuleiro Ouija (comunicação com espíritos por meio de letras, números ou outros símbolos)
Truques
Magia branca ou negra
Vudu ou feitiço
Espiritismo
Adivinhação
Hipnose
Cultos
Meditação transcendental
Controle mental
Maçonaria
Astrologia

LISTA DE REVISÃO DAS ÁREAS DE PROBLEMAS

Assinale os problemas para os quais você necessita de ajuda. Indique quão forte é cada um, em uma escala de 1-5 (5 muito forte). Também marque os problemas vividos por membros de sua família com: M-mãe; P-pai;Ião/Iã-irmão, irmã.

Abandono	**Cobiça**	**Indecisão**
Abuso	**Engano**	**Idolatria**
Sexual	Negação	(Qualquer coisa que
Mental	Mentir	tome o lugar de Jesus)
Espiritual	Orgulho	Autoidolatria
Emocional	Rebelião	Idolatrar família,
Físico	Falsas doutrinas	carro, casa.
Acidentes	**Depressão**	Ídolos religiosos
Vícios	Desespero	Celebridades
Álcool	Fadiga	**Impureza**
Drogas	Insônia	Fornicação
Nicotina	Falta de perspectiva	Adultério
Cafeína	Preocupação	Fantasia
Anorexia	Suicídio	Luxúria
Bulimia	Fora de contato com Deus	Masturbação
Lavar as mãos	**Dominação**	Incesto
Raiva	Ser dominado	Homossexualismo
Ansiedade	Dominar a outro	Lesbianismo
Preocupação	**Dúvida**	Prostituição
Medo	Dúvida sobre Deus	Pornografia
Pavor	Dúvida sobre si mesmo	Bestialidade
Terror	Dúvida sobre outros	**Insegurança**
Amargura	**Culpa**	Inferioridade
Ódio	Condenação	Timidez
Cobiça	Baixa autoestima	Incerteza
Roubo	Vergonha	**Mente**
Cleptomania	Falsa culpa	Desorientação

Lista de revisão das áreas de problemas

Mente	Perfeccionismo	Ataduras da alma
Pensamentos de blasfêmia	Raiva	Dominação
	Irritabilidade	Dependência
Confusão	Orgulho	**Superstição**
Esquecimento	**Rebelião**	Amuletos e feitiços
Ocultismo	Desobediência	**Falta de Perdão**
Meditação transcendental	Falta de submissão	**Violência**
Controle mental	Obstinação	Emocional
Bruxaria	**Rejeição**	Crueldade
Horóscopo	Autorrejeição	Física
Cartas de tarô	Temor a rejeição	**Vontade**
Tabuleiro Ouija (comunicação com espíritos)	Rejeição a outros	**Acidente**
	Ressentimento	Indecisão
Truques	**Tristeza**	
Feitiçaria	Autocompaixão	
Astrologia	Pensamentos de suicídio	
Balanço do pêndulo	**Religiões**	
Magia branca ou negra	Igreja Católica Romana	
Espiritismo	Mormonismo	
Adivinhação	Testemunhas de Jeová	
Hipnose	Ciência Cristã	
Maçonaria	Hinduísmo	
Orgulho	Islamismo	
Arrogância	Siquismo (conselhos dos gurus)	
Egoísmo		
Perfeccionismo	Nova Era	
Crítica	Outros cultos e seitas	
Egoísmo	Maçonaria	
Frustração	**Enfermidades**	
Intolerância	Física	
	Mental	

Agrupamento de demônios

Os grupos apresentados aqui são para ajudar os ministros a identificar demônios. São similares à lista de revisão das áreas problemáticas, dada às pessoas para identificar seu problema. A causa pode ser somente natural ou natural acrescida por um demônio.

Os demônios estão geralmente em grupos, com um chefe. Os demônios em um grupo são de tipos similares ou relacionados; por exemplo: os diferentes tipos de rejeição. Pode haver muitos demônios do mesmo tipo de rejeição, dependendo de quantas vezes uma janela foi aberta.

O mesmo tipo de demônio pode encontrar-se em outros grupos. Se encontramos um tipo de demônio, é bom revisar se há outros relacionados a esse tipo, a fim de fazer uma limpeza completa.

Abandono	**Aborto**	**Dominação**
Órfão	Assassinato	Ser dominado
Abuso	Morte	Dominar a outro
Sexual	**Amargura**	**Dúvida**
Mental	Ressentimento	Duvidar de Deus
Espiritual	Ódio	Duvidar de si mesmo
Emocional	**Cobiça**	Duvidar de outros
Rebelião	Avareza	**Culpa**
Raiva	Cleptomania	Condenação Falsa/
Assassinato	Roubo	excessiva culpa
Falsas doutrinas	**Morte**	Baixa autoestima
Acidentes	Destruição	Vozes
Dor	Assassinato	Confusão
Vícios	**Engano**	Esquecimento
Álcool	Negação	Vergonha
Drogas	Mentira	Dúvida
Nicotina	Orgulho	Pensamentos de
Cafeína	**Depressão**	Blasfêmia
Anorexia	Desespero	**Indecisão**
Bulimia	Fadiga	Medo de errar
Lavar as mãos	Insônia	**Idolatria**
Ansiedade	Falta de perspectiva	(Qualquer coisa que
Preocupação	Preocupação	tome o lugar de Deus)
Temor	Suicídio	Autoidolatria
Pavor	Fora de contato com	Idolatria à família,
Terror	Deus	ao carro, à casa

Lista de revisão das áreas de problemas

Idolatria	**Controle mental**	**Religiões**
Ídolos religiosos	Truques	Igreja Católica Romana
Santos	Feitiçaria	Mormonismo
Virgem Maria	Astrologia	Unitarismo
Celebridades	Balanço do pêndulo	Testemunhas de Jeová
Baixa autoestima	**Controle mental**	Ciência Cristã
Luxúria	Magia branca ou negra	Outros cultos e seitas
Fornicação	Espiritismo	Hinduísmo
Adultério	Adivinhação	Islamismo
Fantasia e luxúria	Hipnose	Siquismo (conselhos
Masturbação	Maçonaria	dos gurus)
Incesto	**Orgulho**	Nova Era
Homossexualidade	Arrogância	Vudu
Lesbianismo	Egoísmo	Maçonaria
Prostituição	**Perfeccionismo**	**Enfermidade**
Pornografia	Crítica	Física
Bestialidade	Egoísmo	Mental
Insegurança	Frustração	Emocional
Inferioridade	Intolerância	**Ataduras da alma**
Timidez	Raiva	Dominação
Incerteza	Irritabilidade	Dependência
Controle da mente	Orgulho	**Superstição**
Desorientação	**Rebelião**	Amuletos
Ocultismo	Desobediência	Feitiços
Meditação	Falta de submissão	**Tensão**
transcendental	Obstinação	**Falta de perdão**
Controle mental	**Rejeição**	**Violência**
Bruxaria	Autorrejeição	Crueldade
Horóscopo	Medo da rejeição	**Vontade debilitada**
Tabuleiro Ouija	Rejeição a outros	Dúvida
(comunicação com	**Tristeza**	Baixa autoestima
espíritos)	Autocompaixão	Indecisão
Fio sagrado	Pensamentos suicidas	
(hinduísmo)		

RESUMO DE CURA INTERIOR E LIBERTAÇÃO

O QUE PODEMOS FAZER TRATANDO-SE DE UM PECADO DA CARNE
Passo 1: Confessar o pecado.
Passo 2: Arrepender-se, perdoar aos outros e entregar o pecado na cruz de Jesus Cristo.
Passo 3: Pedir e aceitar perdão.
Passo 4: Fazer restituição quando for necessário.
Passo 5: Aprender a resistir.

O QUE PODEMOS FAZER COM RESPEITO ÀS FERIDAS E REAÇÕES INCORRETAS A ELAS
Passo 1: Reconhecer a ferida.
Passo 2: Entregar a ferida a Jesus Cristo na cruz.
Passo 3: Perdoar àqueles que causaram tal ferida.
Passo 4: Entregar as reações incorretas a Jesus Cristo na cruz.
Passo 5: Pedir e aceitar perdão pelas reações incorretas.

POSSÍVEIS PASSOS EXTRAS
Passo 6: Obter cura das lembranças.
Passo 7: Quebrar ataduras ímpias da alma.
Passo 8: Receber libertação.
Passo 9: Receber cura física.
Passo 10: Mudar os padrões de pensamento e as atitudes.

COMO PODEMOS SER LIVRES (da amargura, por exemplo)
DIGA EM VOZ ALTA:

Passo 1: "Eu confesso minha amargura. Arrependo-me dela. Pai celestial, eu te peço e aceito o teu perdão".
Passo 2: "Coloco a amargura debaixo do sangue de Jesus Cristo".
Passo 3: "Em nome de Jesus Cristo, eu ordeno que a amargura saia agora".
Passo 4: "O sangue de Jesus Cristo me torna livre".
Continue repetindo o passo 4; em seguida, comece a expulsar o demônio.

O QUE PODEMOS FAZER TRATANDO-SE DE UM PECADO DA CARNE
Passo 1: Confessar o pecado.
Passo 2: Arrepender-se, perdoar aos outros e entregar o pecado na cruz.
Passo 3: Pedir e aceitar perdão.
Passo 4: Fazer restituição quando for necessário.
Passo 5: Aprender a resistir.

POSSÍVEIS PASSOS EXTRAS
Passo 6: Obter cura das lembranças.
Passo 7: Quebrar ataduras ímpias da alma.
Passo 8: Receber libertação.
Passo 9: Receber cura física.
Passo 10: Mudar os padrões de pensamento e as atitudes.

O QUE PODEMOS FAZER TRATANDO-SE DE UM PECADO DA CARNE
Passo 1: Confessar o pecado.
Passo 2: Arrepender-se, perdoar aos outros e entregar o pecado na cruz.
Passo 3: Pedir e aceitar perdão.
Passo 4: Fazer restituição quando for necessário.
Passo 5: Aprender a resistir.

POSSÍVEIS PASSOS EXTRAS
Passo 6: Obter cura das lembranças.
Passo 7: Quebrar ataduras ímpias da alma.
Passo 8: Receber libertação.
Passo 9: Receber cura física.
Passo 10: Mudar os padrões de pensamento e as atitudes.

O QUE PODEMOS FAZER TRATANDO-SE DE UM PECADO DA CARNE
Passo 1: Confessar o pecado.
Passo 2: Arrepender-se, perdoar aos outros e entregar o pecado na cruz.
Passo 3: Pedir e aceitar perdão.
Passo 4: Fazer restituição quando for necessário.
Passo 5: Aprender a resistir.

POSSÍVEIS PASSOS EXTRAS
Passo 6: Obter cura das lembranças.
Passo 7: Quebrar ataduras ímpias da alma.
Passo 8: Receber libertação.
Passo 9: Receber cura física.
Passo 10: Mudar os padrões de pensamento e as atitudes.

O QUE PODEMOS FAZER COM RESPEITO ÀS FERIDAS E REAÇÕES INCORRETAS A ELAS

Passo 1:   Reconhecer a ferida.
Passo 2:   Entregar a ferida a Jesus Cristo na cruz.
Passo 3:   Perdoar aqueles que causaram tal ferida.
Passo 4:   Entregar as reações incorretas a Jesus Cristo na cruz.
Passo 5:   Pedir e aceitar perdão pelas reações incorretas.

POSSÍVEIS PASSOS EXTRAS

Passo 6:   Obter cura das lembranças.
Passo 7:   Quebrar ataduras ímpias da alma.
Passo 8:   Receber libertação.
Passo 9:   Receber cura física.
Passo 10: Mudar os padrões de pensamento e as atitudes.

O QUE PODEMOS FAZER COM RESPEITO ÀS FERIDAS E REAÇÕES INCORRETAS A ELAS

Passo 1:   Reconhecer a ferida.
Passo 2:   Entregar a ferida a Jesus Cristo na cruz.
Passo 3:   Perdoar àqueles que causaram tal ferida.
Passo 4:   Entregar as reações incorretas a Jesus Cristo na cruz.
Passo 5:   Pedir e aceitar perdão pelas reações incorretas.

POSSÍVEIS PASSOS EXTRAS

Passo 6:   Obter cura das lembranças.
Passo 7:   Quebrar ataduras ímpias da alma.
Passo 8:   Receber libertação.
Passo 9:   Receber cura física.
Passo 10: Mudar os padrões do pensamento e as atitudes.

Resumo de cura interior e libertação

COMO PODEMOS SER LIVRES (de amargura, por exemplo)
DIGA EM VOZ ALTA:
Passo 1: "Eu confesso minha amargura. Arrependo-me dela. Pai celestial, eu te peço e aceito o teu perdão".
Passo 2: "Coloco a amargura embaixo do sangue de Jesus Cristo".
Passo 3: "Em nome de Jesus Cristo, eu ordeno que a amargura saia agora".
Passo 4: "O sangue de Jesus Cristo me faz livre".
Continue repetindo o Passo 4; logo comece a expulsar o demônio.

COMO PODEMOS SER LIVRES (de amargura, por exemplo)
DIGA EM VOZ ALTA:
Passo 1: "Eu confesso minha amargura. Arrependo-me dela. Pai celestial, eu te peço e aceito o teu perdão".
Passo 2: "Coloco a amargura embaixo do sangue de Jesus Cristo".
Passo 3: "Em nome de Jesus Cristo, eu ordeno que a amargura saia agora".
Passo 4: "O sangue de Jesus Cristo me faz livre".
Continue repetindo o Passo 4; logo comece a expulsar o demônio.

COMO PODEMOS SER LIVRES (de amargura, por exemplo)
DIGA EM VOZ ALTA:
Passo 1: "Eu confesso minha amargura. Arrependo-me dela. Pai celestial, eu te peço e aceito o teu perdão".
Passo 2: "Coloco a amargura embaixo do sangue de Jesus Cristo".
Passo 3: "Em nome de Jesus Cristo, eu ordeno que a amargura saia agora".
Passo 4: "O sangue de Jesus Cristo me faz livre".
Continue repetindo o Passo 4; logo comece a expulsar o demônio.

COMO PODEMOS SER LIVRES (de amargura, por exemplo)
DIGA EM VOZ ALTA:
Passo 1: "Eu confesso minha amargura. Arrependo-me dela. Pai celestial, eu te peço e aceito o teu perdão".
Passo 2: "Coloco a amargura embaixo do sangue de Jesus Cristo".
Passo 3: "Em nome de Jesus Cristo, eu ordeno que a amargura saia agora".
Passo 4: "O sangue de Jesus Cristo me faz livre".
Continue repetindo o Passo 4; logo comece a expulsar o demônio.

COMPANHEIROS DE MINISTÉRIO

Necessita falar com alguém? Tem um testemunho emocionante? Aqui há alguns de nossos amigos e companheiros de ministério a quem você poderá contactar para conselho, ajuda ou observações.

Índia e pedidos internacionais	Rev. dr. Varghese Thomas | B-106, Church Building New Ashok Nagar, Delhi 110096, Índia 0091-11-22718340, 0091-11-22717469, 0091-98-11105537 | mtuthomas@yahoo.com
Quênia, África Oriental	Trinity Fellowship | Casilla 16531 | Mobil Plaza Nairobi 00620 | Kenya, África Oriental Tel. No. 00254 20 3567279 o 00254 20 3763890 tfnairobi@trinityfellowship.or.ke
Equador, América do Sul	Pastora Ana María Cárdenas Finlândia 151 e Suécia 5A | Quito, Equador, América do Sul amampuero@pumto.net.ec
Grã-Bretanha	Ralph and Joy Green | 38, Lime Road Botley, Oxford OX2 9EG | Great Britain Tel: 00441865246873 | jgreen@viva.org

Internet

- Contato informativo atual para nossos companheiros
- Para fazer fotocópias deste livro ou localizar um distribuidor local
- Notícias de seminários e empresas
- Livros eletrônicos (*e-books*) e música para fazer *download*
- Apoiar este ministério com doações

www.soundswrite.ch/cct

SOBRE OS AUTORES

Albert e Elisabeth Taylor são cristãos na casa dos 50 anos. Desenvolveram-se e ensinaram o ministério de terapia cristocêntrica, em quatro continentes, por mais de trinta anos.

Albert Taylor é licenciado em artes e possui um certificado de pós-graduação em educação da Universidade de Cambridge (Reino Unido), onde estudou ciências naturais. Em 1960, foi a Uganda, África Ocidental, junto com a CMS (Church Missionary Society), onde ensinou ciências e matemática em um internato do ensino médio chamado Busoga College, em Mwiri. Em 1963, converteu-se em primeiro obreiro da Igreja de Uganda dentro das escolas de Uganda, e secretário organizador e membro da União Bíblica.

Elisabeth Taylor-Heer trabalhou primeiramente como secretária e logo com o VBG (Grupo de Estudo Bíblico) suíço. Mais tarde, fez um curso de dois anos na Escola Bíblica Emaús, de língua francesa. Em 1962, foi para Uganda com a Swiss Mission Fellowship, onde foi transferida para a La Scripture Union.

Albert e Elisabeth se casaram em 1964 e juntos deram continuidade ao trabalho pioneiro da La Scripture Union em Uganda, até o ano de 1971. Seus dois filhos, Philip e David, nasceram em Uganda. Em 1972, mudaram-se para o Quênia, a fim de trabalhar dentro da comunidade cristã de professores do Quênia por muitos anos. Sua filha Esther nasceu lá. Em 1980, mudaram-se para a Inglaterra, para a educação de seus filhos.

Desde então ministraram na Inglaterra, Bélgica, Suíça, Egito, Romênia, Uganda (cada verão, entre 1989 e 1992), e em vários países na América do Sul: Argentina, Bolívia, Chile e Equador, entre 1993 e 2001. Em 2002, estiveram ministrando na Suíça e também na Índia por um mês. Logo no ano de 2003, na Suíça, Espanha, Uganda, Argentina, Cingapura e Indonésia. No ano de 2004, estiveram na Argentina e no Peru e, em 2006, novamente na Argentina. Atualmente, vivem na Suíça, país onde Elisabeth nasceu.

Pela graça de Deus, foram usados para ministrar de maneira individual e também a centenas de pessoas, enquanto nos treinava para chegar a fazer o mesmo. Agradecem a Deus por seu amor, provisão e fidelidade que teve para com eles e sua família. Também são gratos àqueles que por meio de suas doações tornaram possível esse ministério. Sentem-se privilegiados por haverem sido chamados para trabalhar dessa maneira.

Editor e coescritor David M. Taylor

David estudou ciências naturais e especializou-se em psicologia experimental na Universidade de Cambridge, Inglaterra. Obtendo a licenciatura em artes, logo se mudou para a Suíça, onde atualmente trabalha como produtor de música, artista de gravação e consultor geral criativo. Junto com seus pais, ele ministrou em Uganda e Suíça.